MANUAL DA ADOLESCÊNCIA

DR. GUSTAVO TEIXEIRA

MANUAL DA ADOLESCÊNCIA

Bases neurocientíficas da adolescência
para pais, professores e profissionais

1ª edição

Rio de Janeiro | 2019

CIP-BRASIL. CATALOGAÇÃO NA PUBLICAÇÃO
SINDICATO NACIONAL DOS EDITORES DE LIVROS, RJ

T266m   Teixeira, Gustavo
Manual da adolescência / Gustavo Teixeira. –
1ª ed. – Rio de Janeiro: Best Seller, 2019.

ISBN 978-85-465-0169-4

1. Psicologia do adolescente. 2. Adolescentes – Conduta.
3. Pais e adolescentes. I. Título.

CDD: 155.5
18-54271   CDU: 159.922.8

Vanessa Mafra Xavier Salgado – Bibliotecária – CRB-7/6644

Texto revisado segundo o novo Acordo Ortográfico da Língua Portuguesa.

MANUAL DA ADOLESCÊNCIA
Copyright © 2019 Gustavo Henrique Teixeira.

Imagem de capa: Getty Images

Todos os direitos reservados. Proibida a reprodução,
no todo ou em parte, sem autorização prévia por escrito da editora,
sejam quais forem os meios empregados.

Direitos exclusivos de publicação em língua portuguesa para o mundo
adquiridos pela
EDITORA BEST SELLER LTDA.
Rua Argentina, 171, parte, São Cristóvão
Rio de Janeiro, RJ – 20921-380
que se reserva a propriedade literária desta tradução

Impresso no Brasil

ISBN 978-85-465-0169-4

Seja um leitor preferencial Record.
Cadastre-se no site www.record.com.br e receba informações
sobre nossos lançamentos e nossas promoções.

Atendimento e venda direta ao leitor
mdireto@record.com.br ou (21) 2585-2002

DEDICATÓRIA

Dedico este livro aos meus dois amores que em pouco tempo vão adentrar a janela de oportunidades da adolescência: Pedro Henrique e João Paulo.

SUMÁRIO

Prefácio..11

Introdução..17

   1. Cérebro adolescente...........................21

   2. Drogas: o perigo mora ao lado................29

   3. Neurociência e as drogas.....................33

   4. Programa de prevenção do uso
      das drogas.......................................41

   5. O guia do professor contra
      as drogas...55

   6. Como saber se meu filho ou aluno
      está usando drogas?............................67

7. Meu filho está usando drogas,
e agora?..73

8. Depressão na adolescência......................87

9. Transtorno bipolar na adolescência........97

10. Suicídio e comportamento suicida
na adolescência.....................................105

11. Transtornos ansiosos na adolescência....113

12. Transtorno obsessivo-compulsivo..........117

13. Transtorno de ansiedade
generalizada...123

14. Transtorno de pânico............................127

15. Fobia social...131

16. Transtorno de ajustamento...................137

17. Esquizofrenia de início precoce.............143

18. Transtornos alimentares........................153

19. Bullying...161

20. Agressores, alvos e testemunhas............169

21. Cyberbullying..179

22. Quais são as causas do
bullying?...185

23. Quais são as consequências do bullying?.....................189

24. Prevenção na escola e o programa antibullying.............................199

25. Sites.....................227

O autor.....................233

Referências bibliográficas.....................235

Contato com o autor.....................239

PREFÁCIO

"Acredito, acima de tudo, no poder
transformador da educação."

— Gustavo Teixeira

inha história com o ilustre autor começa muito antes de nos conhecermos pessoalmente. Quando li *O reizinho da casa*, livro de sua autoria, pela primeira vez, achei genial a ideia de traduzir técnicas de manejo de comportamentos inadequados de forma prática e simples, para ajudar milhares de famílias a conduzir melhor os sintomas opositores dos seus filhos.

Em 2018 decidi participar do curso de verão do Departamento de Educação Especial na Bridgewater State University, ministrado por um corajoso médico que escolheu dedicar a vida à psicoeducação. Como neurocientista especialista em crianças e adolescentes, costumo me atualizar nos melhores centros de educação do mundo, e esse curso é referência no meio acadêmico. O professor era o Gustavo Teixeira. Convidado para fazer parte do corpo docente de uma universidade americana, justamente por ser um *outlier* — fora de série!

Modelo de pessoa, pai e professor, Gustavo é exemplo a ser seguido. Alguém que se preocupa mais em cuidar dos outros, com o que estão sentindo e aprendendo, do que de si mesmo. Teve coragem de deixar os grandes hospitais onde tinha reconhecimento e decidiu enfrentar a dificuldade de transformar a educação no Brasil e no mundo. Seguindo sua missão, se destaca internacionalmente em aulas sobre a psiquiatria da infância e adolescência, contribuindo para a humanidade de maneira singular. Todas as suas obras recebem minha admiração.

O *Manual da adolescência* traz algo especial. Essa é uma fase importante da neuroplasticidade, que é

PREFÁCIO

a capacidade do cérebro de refazer conexões e caminhos entre os neurônios. É a chance de mudar os circuitos cerebrais e deixá-los mais saudáveis para o resto da vida. A vida adulta e o potencial de desenvolvimento de uma pessoa dependerão do que ocorrer nessa fase.

Na adolescência acontece a fase final da formação do cérebro que as pessoas terão por toda vida. Desde que nascemos, os estímulos que recebemos do ambiente formam nossas conexões neurais, e na vida adulta usufruímos daquilo que foi construído.

A leitura desta obra me levou a algumas reflexões: será que estamos fazendo tudo o que é possível para melhorar a saúde mental e o bem-estar dos nossos filhos e pacientes que estão na adolescência? Será que a intensidade aumentada de sintomas aparentemente simples, que todos sentimos, tais como comportamentos de isolamento ou cansaço, passe despercebida por nós na correria do dia a dia e coloque nossos jovens em risco por perdermos oportunidade de ajudá-los?

Além das áreas relacionadas ao controle de impulsos e às emoções, durante a adolescência também é formado o sistema de recompensas. Tudo o que for associado nesse período como prazeroso terá maior tendência a ser necessário para o resto da vida. As drogas e os maus hábitos ativam quimicamente esse sistema de prazer, e o contato nessa fase é extremamente perigoso, pois o que é entendido como algo prazeroso dificilmente poderá ser substituído após esse período. Por isso, o monitoramento e a participação da família são fundamentais, mesmo com os jovens tentando ganhar o máximo de independência possível.

Neste livro, Dr. Gustavo explica como funciona o cérebro adolescente e as principais intercorrências e transtornos dessa fase, como o envolvimento com drogas e álcool, a depressão, o transtorno bipolar, o comportamento suicida, transtornos de ansiedade (transtorno obsessivo-compulsivo, transtorno de ansiedade generalizada, transtorno do pânico, fobia social, entre outras), o transtorno de ajustamento, a esquizofrenia, transtornos alimentares, comportamentos envolvidos com o bullying e a propagação do cyberbullying. Para todos esses temas, Gustavo Teixeira apresenta uma lista com os principais sintomas que podem ser identificados de forma prática, além de exemplos de casos que nos possibilitam conhecer situações da vida real.

PREFÁCIO

Apreciei cada uma dessas linhas, que nitidamente foram escritas com cuidado, amor e a preocupação em mostrar que os transtornos estão mais próximos do que imaginávamos. Simples comportamentos podem sinalizar graves problemas que necessitam de intervenção. Precisamos estar atentos. Recomendo este livro como um S.O.S. a pais, educadores e aos profissionais da área da saúde que convivem com adolescentes. Vocês podem fazer muita diferença na vida desses jovens, que, no fundo, só querem ser felizes!

MAYRA GAIATO, M.Sc.
Psicóloga e Neurocientista

INTRODUÇÃO

adolescência é uma fase importante da vida, e precisamos estar preparados para ajudar esses jovens que têm um potencial enorme a ser desenvolvido. Como uma pedra preciosa bruta, a adolescência precisa ser bem lapidada e acompanhada de perto por pais, educadores e profissionais da saúde mental escolar.

Certamente não existem manuais de instrução para nos ajudar nas decisões e nas orientações para nossos jovens, entretanto conhecer o funcionamento do cérebro humano nessa fase da vida, bem como os problemas e as dificuldades desse período, nos permite estudar e planejar estratégias para auxiliar o outro em uma das fases mais importantes do desenvolvimento humano e mais decisivas para seu futuro.

Em 2017 o Departamento de Educação Especial da Bridgewater State University — universidade em que leciono, contribuindo para a formação de futuros educadores especializados em educação especial — me convidou para criar um curso inspirado na série *13 Reasons Why*, original da Netflix e inspirada no romance do autor americano de livros juvenis Jay Asher.

A série, que tinha estreado nesse mesmo ano com um sucesso arrebatador nos Estados Unidos, conta a história da jovem Hannah Baker, estudante do ensino médio que comete suicídio após 13 acontecimentos desastrosos que são, por ela mesma, apontados como causadores de sua morte. A história expõe uma sequência de estressores tóxicos ambientais a que a maioria dos jovens é exposta durante a adolescência, como bullying, cyberbullying, assédio sexual, depressão, violência doméstica, dificuldade de relacionamento social, ausência de orientação parental, uso de álcool e drogas, e exposição a situações de risco devido à imprudência. A narrativa enfatiza também a insegurança gerada nas relações interpessoais dos ado-

INTRODUÇÃO

lescentes e o despreparo da equipe educacional na identificação de sinais de risco e na intervenção para proteção dos nossos estudantes.

O curso que ofereci na Bridgewater State University foi um grande sucesso e despertou muito interesse dos alunos, o que só aguçou minha vontade de transformá-lo em um livro prático e didático que oferecesse ferramentas para trabalhar essas questões. É uma oportunidade de discutir alguns dos principais problemas que acometem nossos estudantes em uma das fases mais fantásticas da vida, e ainda apresentar uma abordagem biológica do funcionamento do cérebro, ilustrando um pouco das suas extraordinárias modificações químicas, físicas, morfológicas e estruturais que ocorrem nesse período.

Sejam bem-vindos à neurociência da adolescência e caminhem comigo nesse universo de conhecimento para contribuir para o desenvolvimento dos nossos queridos filhos, alunos e pacientes.

Capítulo 1

CÉREBRO ADOLESCENTE

A adolescência pode ser definida como o período da vida que começa com profundas mudanças físicas, emocionais, hormonais e bioquímicas em todo o corpo e termina quando o indivíduo adquire maturidade para desenvolver um papel estável, responsável e independente na sociedade.

Bem, essa definição deixa clara uma constatação prática que observamos nos dias atuais: cada vez mais temos adolescentes beirando os 30 anos, vivendo com os pais, enfrentando problemas com a justiça e dificuldade de se manter em empregos ou administrar relacionamentos afetivos de forma saudável. Mas, afinal, o que é a adolescência? Quando acaba a adolescência e começa a idade adulta? Onde está a maturidade que tarda a chegar para muitos trintões?

A resposta para algumas dessas perguntas está sendo descoberta agora e está relacionada à maturação do córtex pré-frontal, região do cérebro responsável pelo controle dos impulsos, organização do pensamento, tomada de decisões e controle das funções executivas.

A observação do cérebro humano por meio de estudos com neuroimagem está desvendando muitos mistérios da adolescência. Estudos com exames de ressonância nuclear magnética funcional têm ajudado muito a ciência na compreensão desse cérebro adolescente, pois esse equipamento nos permite registrar imagens do cérebro em funcionamento ao vivo assim como a resposta que ele dá a diferentes estímulos. Os resultados são surpreendentes.

Aliás, uma das grandes aprendizagens dos estudos com ressonância nuclear magnética funcional foi compreender que, ao contrário do que pensávamos nas décadas passadas, o cérebro adolescente continua se desenvolvendo durante toda a adolescência até o início da vida adulta. Esses estudos mostram que nosso cérebro não está completamente maduro antes dos 28 anos, o que significa que até essa idade ainda somos um pouco "adolescentes".

Plasticidade neuronal

Para entendermos mais sobre o cérebro adolescente, é importante compreender alguns conceitos neurocientíficos, e dentre eles destaco a relevância da plasticidade neuronal.

Plasticidade neuronal é a capacidade do cérebro de se reorganizar, adaptar e moldar ao longo do tempo frente a estímulos diversos.

Isso significa que o cérebro vai se adaptar ao estímulo que recebe. Por exemplo, se uma criança é bem estimulada, se tem seu ambiente social e sensorial enriquecido, seu cérebro formará novas conexões para que a aprendizagem ocorra.

Por outro lado, se o cérebro for privado de estimulações (uma criança que não frequente a escola, ou que seja exposta a estressores tóxicos ambientais, como violência doméstica ou abuso sexual), suas conexões axoniais e dendríticas serão empobrecidas (axônios e dendritos são partes do neurônio responsáveis pela comunicação entre as células nervosas).

Assim, esse cérebro não vai se desenvolver como o de uma criança estimulada e que tenha seu ambiente de vida mais favorável, e isso tem um impacto gigantesco em sua vida. A criança exposta a estressores tóxicos ambientais e privada de estimulação terá sua aprendizagem comprometida e maiores chances de desenvolver doenças psiquiátricas como depressão, ansiedade, esquizofrenia, transtorno desafiador opositivo, transtorno de conduta, além de doenças clínicas como hipertensão arterial, diabetes e doenças cardiovasculares.

A boa notícia é que nosso cérebro é muito plástico, muito maleável, e se cuidarmos devidamente da estimulação das nossas crianças e adolescentes podemos reverter bastante os riscos e os prejuízos causados por negligência, violência e falta de estímulo.

A plasticidade neural é muito importante para o desenvolvimento do nosso cérebro, pois permite que as vias de comunicação cerebral (vias sinápticas) mais utilizadas se fortaleçam, e isso favorece a construção de grandes vias de transmissão de informação. Enquanto vias sinápticas pouco utilizadas são desfeitas, neurônios defeituosos e conexões falhas podem ser destruídos. Trata-se de uma maneira econômica e inteligente de enriquecer o cérebro com conexões cerebrais ágeis, rápidas e importantes para que todo o organismo funcione de maneira mais harmônica e eficiente.

Desse modo, o cérebro adolescente, assim como o nosso, se modifica quimicamente a cada segundo conforme nos relacionamos com as pessoas, experimentamos uma xícara de café, comemos um pedaço de bolo, olhamos para as mensagens no celular, admiramos uma paisagem ou enquanto você lê este trecho do livro.

Cérebros adolescentes são muito responsivos ao ambiente, ficam superexcitados com recompensas, emoções e novas experiências. Há liberação de dopamina, um neurotransmissor relacionado com sensações de prazer e que é liberado em altas doses no cérebro em resposta a estímulos externos — por exemplo, ao comer um doce ou ganhar dinheiro.

Ainda sobre a importância das estimulações ambientais a que estamos sujeitos durante nosso desenvolvimento, podemos concluir que no final da história somos resultado da somatória das experiências que vivenciamos, das pessoas com quem convivemos e do ambiente a que estamos expostos. Você certamente já ouviu a frase: "Diga-me com quem andas que lhe direi quem és."

Seguindo o que afirmei nos parágrafos anteriores, podemos concluir que neurocientificamente essa frase está corretíssima, e saber valorizar a educação e monitorar os ambientes sociais a que nossas crianças estão expostas são estratégias fundamentais para o desenvolvimento saudável.

Lembre-se de que a adolescência é uma grande janela de oportunidade de estimulação e de enriquecimento do cérebro, e que pais, educadores e profissionais da saúde mental escolar podem participar de forma ativa desse processo de aprendizagem e crescimento.

Autorregulação cerebral

Uma grande questão inerente aos problemas observados na adolescência é que o cérebro adolescente se torna cada vez mais excitado e corajoso para assumir novos riscos. Ele é mais emocional, mais passional e muito mais ávido por novas descobertas e experiências.

Entretanto essas mudanças não são acompanhadas por outras mudanças estruturais cerebrais relacionadas ao aumento do controle das habilidades de comando, emoções, pensamentos e ações. Essa maturação das habilidades de controle, importante para que não tomemos decisões equivocadas, infelizmente só chega na idade adulta.

Portanto, a adolescência é como se tivéssemos nas mãos uma Ferrari zero quilômetro sem freios. O adolescente não tem o mecanismo de controle dos impulsos, não consegue parar e pensar antes de agir, é impulsivo, e aí... todo cuidado é pouco para quem dirige essa Ferrari!

O que quero dizer com essa analogia é que existe um período em que nosso cérebro conta com habilidades fantásticas para se excitar, emocionar e explorar, entretanto o mecanismo de controle desses impulsos que seria capaz de regular e controlar a tomada de decisões é precário e vai se desenvolver anos à frente. Esse momento sem autorregulação cerebral, "sem freio", é responsável pelos grandes riscos da adolescência, pois o jovem acaba tomando decisões precipitadas, impensadas e impulsivas, se expondo a muitos riscos como drogas, acidentes automobilísticos, brigas, sexo sem proteção etc.

Logo, posso afirmar que a autorregulação cerebral é um dos fatores mais importantes na contribuição para a saúde mental, emocional e social do ser humano. Controlar o que se pensa, fala ou faz é importante para termos uma vida saudável e equilibrada no ambiente social, nos momentos de estudo ou trabalho.

Capacitar o jovem e auxiliá-lo na busca por esse equilíbrio e conquista de maturidade deve ser sempre a meta de pais, educadores e profissionais de saúde mental infantojuvenil. Vale ressaltar que a adolescência será uma das últimas oportunidades de intervenção para que possamos trabalhar de maneira eficiente nesse processo.

Pensando muito sobre diversos aspectos neurocientíficos e comportamentais do desenvolvimento infantojuvenil, apresento a vocês os próximos capítulos, nos quais tento traçar estratégias vencedoras para que possamos ajudar nossos jovens a enfrentar questões como drogas, bullying, cyberbullying, transtornos afetivos, transtornos ansiosos, transtornos alimentares, transtornos de ajustamento e esquizofrenia.

Capítulo 2

DROGAS: O PERIGO MORA AO LADO

Sempre que estou na companhia de pais e professores, durante palestras, faço uma analogia entre uma locomotiva e a adolescência. Proponho um exercício de imaginar uma locomotiva cruzando territórios desconhecidos a 200 quilômetros por hora e que pode, a qualquer momento, descarrilar e cursar novos rumos, sendo muitos deles perigosos e traiçoeiros. Um desses caminhos desconhecidos é o das drogas.

O consumo de drogas é um fenômeno mundial e deve ser encarado como um grave problema de saúde pública em todo o mundo. Trata-se de um grande desafio aos pais, médicos, educadores e à sociedade de um modo geral.

Jovens sob efeito de drogas apresentam desinibição comportamental, perda do juízo crítico e de reflexos motores. Por conta disso, quase metade dos casos de acidentes automobilísticos, suicídio, afogamentos e mortes por arma de fogo entre adolescentes está relacionada ao consumo de bebida alcoólica e substâncias psicoativas.

Os estudos epidemiológicos sobre o uso de entorpecentes evidenciam um crescimento assustador nas últimas décadas, apontando inclusive que as primeiras experiências estão passando a ocorrer cada vez mais cedo, entre a passagem da infância para a adolescência.

A maioria das pesquisas revela que o primeiro contato com álcool e tabaco costuma acontecer por volta dos 12 anos, enquanto o uso de maconha e cocaína, por volta dos 14 e 15 anos. Outro dado assustador é que em torno de 22% dos jovens experimenta drogas ilícitas (ou seja, álcool e tabaco ficam de fora). Isso quer dizer que, na média, praticamente um em cada quatro adolescentes brasileiros já fez uso de algum tipo de droga ilícita. Outra conclusão importante sugere que existe uma grande correlação entre consumo de drogas, falta ou abandono escolar e baixo rendimento acadêmico.

Entre os fatores que levam crianças e adolescentes a consumirem drogas estão a falta de informação dos pais, a falta de capacitação de profissionais do ensino e a inexistência de programas eficientes de prevenção nas escolas.

Eu, portanto, parto do princípio de que a escola e a família são dois dos principais ambientes formadores da personalidade, de aprendizagem de conceitos éticos, morais e sociais, em que os "trilhos da locomotiva" serão construídos.

Capítulo 3

NEUROCIÊNCIA E AS DROGAS

Como as drogas agem no cérebro?

Diversos estudos se propõem a investigar a atuação da droga no organismo. Segundo uma das hipóteses mais aceitas até hoje, a droga ativa o chamado sistema de recompensa cerebral.

Esse sistema abrange algumas regiões do cérebro, localizadas dentro do sistema límbico, que são responsáveis pelas emoções, sensações de prazer e estão relacionadas também à dependência química. O

MANUAL DA ADOLESCÊNCIA

sistema de recompensa cerebral ou circuito do prazer começa na área tegumentar ventral, localizada na região cinzenta do tronco cerebral. A droga cria impulsos elétricos nessa região, e esses estímulos atingirão o núcleo *accumbens* e posteriormente o córtex pré-frontal, região responsável pelo comportamento emocional.

Os neurônios presentes nessa via são chamados dopaminérgicos, e as drogas de abuso atuam no sistema de recompensa cerebral estimulando a produção e a liberação de dopamina (substância relacionada ao prazer), aumentando assim sua quantidade no cérebro e proporcionando sensações prazerosas.

No entanto, é muito importante salientar que essa sensação pode também ser gerada por outras atividades, que são igualmente capazes de estimular esse sistema; praticar esportes, sair com amigos, namorar, comer, ir ao cinema, assistir a um bom programa de televisão, um show de rock ou tomar um sorvete. Nesses casos, a pessoa estimula naturalmente a liberação de dopamina, provocando um "barato natural"; já o uso de drogas provocará um vício nos receptores de dopamina no cérebro, ou seja, o cérebro passa a necessitar cada vez mais de dopamina, forçando assim o jovem a buscar mais droga.

NEUROCIÊNCIA E AS DROGAS

Quais são as consequências do uso de drogas na adolescência?

O uso de substâncias psicoativas na adolescência pode acarretar uma série de modificações estruturais no cérebro do usuário.

Jovens que fazem uso de drogas apresentam, de maneira geral, prejuízos acentuados nos estudos e nos relacionamentos sociais. A capacidade de cognição e raciocínio lógico fica comprometida, o pensamento fica lento, o indivíduo apresenta dificuldade de concentração e de retenção de informações. Outros prejuízos cognitivos estão relacionados às alterações na capacidade de julgamento e juízo crítico, aumento da agressividade e impulsividade.

Esses adolescentes tendem a se afastar dos jovens não usuários, comprometendo assim os laços afetivos. Atividades esportivas e recreacionais em grupo serão abolidas, laços de confiança, companheirismo, ética e respeito não serão travados, restando ao jovem a interação social com outros usuários, sempre baseada no consumo de drogas.

Essa relação socialmente pobre e disfuncional lentamente levará o adolescente a um padrão comportamental que gira em torno da droga. É comum, por exemplo, que ele acorde e passe o dia inteiro pensando na substância, ou em formas de obtê-la, negligenciando outros aspectos da vida. Uma realidade triste, mas vivenciada por milhares de jovens todos os dias.

Dessa forma, as alterações químicas e comportamentais produzidas por esse consumo resultarão invariavelmente em graves alterações da personalidade desse adulto em formação.

Por que tantos adolescentes se viciam?

Essa é uma pergunta que aflige pais, professores e profissionais da saúde mental em todo o mundo. Mas quais são os fatores que colaboram para que o consumo de drogas seja um fenômeno da juventude?

Dificilmente um único fator de risco levará o jovem ao transtorno por uso de substâncias psicoativas, e quanto mais fatores de risco o jovem apresentar, maiores serão suas chances de envolvimento.

Como dissemos, a adolescência é uma fase complicada de desenvolvimento, em que um furacão de mudanças comportamentais e físicas ocorre no corpo e na mente dos jovens, e tal fase é mediada por uma descarga intensa de hormônios.

O jovem está buscando sua identidade, sua individualidade, fazendo novas experiências, questionando, duvidando e, muitas vezes, brigando e lutando por questões que julga importantes. Nessa fase o adolescente não aceita mais passivamente as determinações e orientações dos pais, existe uma tendência de maior identificação com o grupo de amigos. São mais impulsivos, curiosos, mais aptos a seguir as opiniões dos colegas, e todos esses fatores podem impulsionar o jovem a buscar novas experiências, sensações e prazeres.

Esse conjunto de fatores agregará o que se pode chamar de um "ambiente facilitador" para a experimentação das drogas. Além do mais, encontra-se uma facilidade de ofertas no meio acadêmico, nas festas, nas ruas e nos bares.

Outro motivador da iniciação no mundo das drogas e do álcool é a necessidade de aderir ao modismo e de se enturmar. A juventude contemporânea e nossa sociedade como um todo incorporam o consumo alcoólico à socialização — basta observar o número de atividades sociais que giram em torno do consumo do álcool: eventos esportivos, festas, eventos culturais e até datas comemorativas e feriados (Carnaval, réveillon, Natal).

Importante ressaltar também a importância do papel da família do jovem nessa fase de experimentações. O lar onde esse adolescente está inserido pode representar um fator de proteção ou de risco.

Para começar, temos o fator genético e logicamente imutável: filhos de dependentes químicos têm até quatro vezes mais chances de se tornarem dependentes. Sem contar com o ambiente doméstico: viver em lares caóticos e doentios, com pais alcoólatras, usuários de drogas, agressivos, violentos, negligentes, hostis, desafiadores, sem diálogo nem respeito mútuo também contribui.

Portanto, a primeira maneira de prevenir o uso de drogas é criar um ambiente familiar estável, respeitador, ético, que permita um diálogo franco e honesto. Uma criança deve viver em um ambiente doméstico sadio e seguro, onde as normas sociais e os conceitos éticos e morais sejam repassados pelos pais, para se tornar um jovem sensato, seguro de seus deveres e responsabilidades, sabendo lidar com limites.

Jovens com baixa autoestima, inseguros, tímidos, retraídos e que não conseguem se destacar nos estudos, nos esportes nem nos relacionamentos sociais são mais aptos ao envolvimento com as drogas, portanto a identificação precoce desses perfis psicológicos e comportamentais será de grande importância para a prevenção.

Capítulo 4

PROGRAMA DE PREVENÇÃO DO USO DAS DROGAS

Seria possível prevenir o consumo de drogas na adolescência? Tanto a neurociência quanto a experimentação clínica mostram que sim.

O conceito primário de prevenção está ligado à educação emocional e à saúde do sistema familiar e escolar. Basicamente pode-se dizer que o programa de prevenção deve se iniciar ainda na infância, pois cada vez mais observamos o início precoce desses hábitos.

Envolver toda a comunidade é fundamental para o sucesso do programa, que deverá contar com a orientação de pais, professores, diretores, coordenadores pedagógicos, funcionários da escola, amigos, vizinhos, familiares e profissionais da saúde escolar, como psicólogos, fonoaudiólogos, assistentes sociais, psicopedagogos, terapeutas ocupacionais, entre outros.

O acesso à informação por meio de palestras, reuniões, encontros, discussões e leituras com informações médico-científicas é uma peça fundamental — na verdade, eu diria até um grande alicerce para desmistificar a questão e, assim, diminuir preconceitos.

Caso as medidas preventivas falhem, a busca por ajuda médica especializada deve ser realizada o quanto antes.

O objetivo deste capítulo é orientar os pais. Devo informar ao leitor que este guia não é uma receita de bolo com a solução mágica e perfeita, entretanto oferece ferramentas importantes para ajudar seus filhos nessa árdua e difícil tarefa de orientação e criação.

Descrevo a seguir as 17 regras dos pais para prevenção:

PROGRAMA DE PREVENÇÃO DO USO DAS DROGAS

1) Não use drogas

A primeira regra parece óbvia, mas constantemente me deparo no consultório médico com pais que perdem a credibilidade com seus filhos porque fumam, bebem ou fazem uso de medicamentos controlados, como calmantes. Como pedir que um filho não use drogas, se o próprio pai o faz?

2) Conheça o inimigo

O segundo passo para um correto e eficaz trabalho de prevenção é dominar o assunto antes de conversar com os filhos. Caso contrário, o responsável corre o risco de não ser convincente ou de não apresentar bons argumentos.

Logo, essa é a segunda regra. Leia tudo o que puder sobre cada uma das drogas de abuso. E estou me referindo à leitura de textos científicos, acadêmicos ou de profissionais qualificados que realmente entendam o assunto, pois há muito material disponível na internet que tenta de maneira falsa influenciar os jovens com propagandas do tipo:

"maconha é uma erva natural" ou *ecstasy* é a pílula da felicidade".

Saiba quais são as drogas, os locais e ambientes onde podem ser compradas e consumidas pelos jovens, seus sinais e efeitos no organismo, suas consequências e riscos a curto, médio e longo prazo.

3) Seja amigo de seu filho

O significado de amizade segundo o Dicionário Aurélio é: "Sentimento fiel de afeição, apreço, estima ou ternura entre pessoas." Portanto, seja amigo e esteja sempre presente na vida de seu filho. Converse, brinque, pratique esportes, passeie com ele, discuta problemas, busque soluções sobre os mais diversos assuntos.

Pesquisas demonstram que um bom relacionamento entre pais e filhos é um forte bloqueio contra drogas, e o envolvimento parental na compreensão e conscientização sobre o problema é de extrema importância. Nesse sentido, posso afirmar que uma das funções da família é dialogar, esclarecer dúvidas, ensinar limites e ajudar a criança ou adolescente a lidar com frustrações. Crescendo em um ambiente acolhedor e com regras claras, esses jovens tendem a se tornar mais seguros e menos vulneráveis.

4) Converse sobre o assunto

Essa regra reforça o fato de que, mantendo um diálogo franco e aberto com seu filho, você promoverá melhores resultados.

Converse com seu filho sobre o que são as drogas, seus efeitos no organismo, suas consequências negativas e riscos. Esclareça dúvidas, discuta, argumente e busque respostas com ele.

Claro que argumentos simplistas que ouvimos em programas e anúncios de televisão do tipo "drogas, tô fora", "drogas, nem morto" e "cigarro mata" não surtem efeito nos jovens. É preciso um diálogo amplo e que os pais falem, sem preconceito ou hipocrisia, não só dos efeitos nocivos da droga, mas também sobre seus efeitos prazerosos. Se você adotar um discurso arrogante e simplista, seu filho não se sentirá sensibilizado, podendo esse discurso errático ter o efeito contrário. Enquanto os pais adotam um discurso confuso, o filho está sendo bombardeado por convites de amigos da escola para tomar uma cerveja no final de semana, por exemplo.

Caso os pais deixem de fora as possíveis sensações prazerosas iniciais, como relaxamento, descontração e desinibição, o filho pode se render ao apelo de amigos e acabar gostando.

Portanto converse com seu filho, seja assertivo e enfático em suas colocações, mas não se esqueça de que não há como mantê-lo em uma redoma de vidro.

Lembre-se: o convite às drogas existirá a todo o momento, seja na escola, na rua, no clube, nas festas, na internet ou em qualquer outro ambiente social do jovem.

5) Observe sua própria atitude e comportamento

Essa regra vem reforçar o fato de que muitos pais se esquecem de que é durante os primeiros anos de vida de seus filhos que conceitos éticos e morais são formados.

Logo, é de grande importância que os pais revejam sua conduta, pois estão servindo de exemplo.

6) Pratique a religião ou espiritualidade

De fato, a religião ou espiritualidade é um importante fator protetor do uso e do abuso de substâncias psicoativas. Diversos estudos apontam que crianças e adolescentes inseridos em lares onde existe algum tipo de prática religiosa ou espiritual estarão mais protegidos do envolvimento com drogas e possivelmente serão mais habilidosos socialmente para dizer "não" a essas substâncias.

7) Monitore as amizades

Em menos de 20% dos casos a criança ou adolescente que experimenta drogas tem contato com o traficante — na maior parte dos casos é por meio de amigos, colegas de escola, vizinhos ou irmãos e primos mais velhos.

Portanto, conheça as amizades de seu filho. Convide os amigos e colegas para almoçar em sua casa ou para um passeio, por exemplo. Caso desconfie de que um deles esteja envolvido com drogas, investigue e, se confirmado, converse com os pais do jovem e oriente seu filho sobre o problema.

8) Pratique esportes com seu filho

A prática esportiva por si só é uma grande prevenção do uso de drogas, pois incentiva o desenvolvimento de noções como disciplina, regras, respeito, hierarquia, companheirismo, organização, liderança, cooperação e trabalho em equipe, além de contribuir para a formação da autoestima da criança.

Praticando esportes com seu filho, seus laços afetivos irão tornar-se mais fortes e isso favorecerá os esforços para mantê-lo longe das drogas.

9) Ensine técnicas de recusa

Ensine seu filho a dizer "não" às drogas. Informe que ele tem o direito de não aceitar um convite e que ele tem sua própria individualidade e personalidade.

Explique que isso não faz dele menos importante ou "careta", e caso os amigos insistam, diga que talvez eles não sejam bons amigos. Amigos de verdade sabem respeitar sua decisão e sua individualidade. Ajude seu filho a evitar situações de risco, como frequentar festas restritas ao público de uma faixa etária maior que a dele.

10) Fortaleça a autoestima de seu filho

Baixa autoestima é uma das grandes características de crianças e adolescentes que se envolvem com drogas. Portanto, trabalhe isso em seu filho, exaltando as atitudes positivas por meio de elogios, carinho e atenção. Nunca diga que ele não faz nada direito ou que é pior que alguém.

11) Pai e mãe devem falar a "mesma língua"

Realmente é de essencial importância que os pais estejam de acordo quando o assunto principal é a educação dos filhos.

Pais que têm opiniões divergentes a respeito de conduta criam um ambiente favorável às drogas. As divergências expõem fraquezas, falta de comando e descontrole, permitindo assim que o filho manipule os pais a sua maneira, como melhor lhe for conveniente a cada momento.

12) Participe de ações comunitárias

Se envolva em atividades da vizinhança, do condomínio, da comunidade. Participe de reuniões escolares e palestras ou programas de prevenção do uso de drogas no seu bairro.

Crie comitês antidrogas no condomínio, auxilie a escola na elaboração de projetos educacionais de prevenção, denuncie e pressione estabelecimentos comerciais que vendem bebidas alcoólicas e cigarros a menores de idade.

13) Estabeleça regras e limites

Lares onde as regras são claras e objetivas facilitam a convivência saudável entre pais e filhos. Crianças necessitam de regras muito bem estabelecidas para estruturarem suas vidas, portanto os pais devem conversar entre si e dialogar com os filhos, estabelecendo regras, limites e consequências de mau comportamento ou desobediência.

As consequências devem ser impostas como um ato de amor, e não como uma simples punição.

Tratar as consequências como ameaça, revanche, punições físicas e morais e humilhações não servem a nenhum propósito. Na verdade, pode ter um efeito contrário, aproximando o jovem das drogas por prejudicar a autoestima e piorar a relação entre pais e filhos.

Além disso, o estabelecimento de conceitos éticos e morais por meio de regras claras e objetivas favorece a formação de habilidades sociais importantes na criação do caráter, e esses serão conceitos utilizados pelo jovem pela vida inteira.

14] Esteja atento às mudanças da adolescência

A adolescência é uma fase de grandes mudanças físicas e comportamentais, então esteja preparado para novos desafios e dificuldades na criação de seus filhos. Situações conflituosas, brigas, novas demandas, novas amizades e afastamento da família podem ocorrer. Não existe uma receita de bolo para lidar com tais mudanças, mas um bom conselho é estar atendo às regras supracitadas.

15) Atenção à saúde mental da criança e do adolescente

Grande parte das crianças e dos jovens que se envolvem com drogas apresenta transtornos comportamentais da infância como depressão, quadros ansiosos, transtornos disruptivos como o transtorno desafiador opositivo, transtorno de conduta ou transtorno de déficit de atenção/hiperatividade.

Na presença de prejuízos acadêmicos e de relacionamentos sociais, procure a orientação de um médico psiquiatra infantil para uma avaliação comportamental completa. Na maioria das vezes uma intervenção precoce é fundamental.

16) Não estimule a iniciação dentro de casa

É importante observar que grande parcela dos jovens inicia seu consumo alcoólico dentro do ambiente doméstico. Trata-se daquele filho que experimenta o primeiro copo de cerveja com o pai e que, posteriormente, desenvolve o hábito de sair para beber com ele.

Hoje sabemos que, quanto mais precoce é o início do consumo, maiores serão as chances de um envolvimento problemático com o álcool ou outras drogas. Portanto nunca é demais afirmar que o consumo de álcool é proibido para menores de 18 anos e o exemplo de respeito às leis deve vir de casa.

17) Proíba o uso de drogas

Por fim e não menos importante, devo dizer que o uso de drogas não pode ser tolerado em hipótese alguma. Muitas vezes me deparo com pais que adotam a política de "redução de danos": "Prefiro dar o dinheiro para ele comprar maconha do que deixar que ele roube e seja preso."

Nossa, parece que os próprios pais já foram contaminados pela condição do filho. Outros ainda afirmam que permitem o uso da droga dentro de casa para protegê-lo da polícia! Meu Deus, essa postura supostamente protetora de muitos pais só agrava o vício do filho.

É imprescindível que qualquer tipo de droga seja proibido pelos membros da família, seja em casa, na casa de amigos ou em qualquer outro lugar.

Obviamente a criança deverá ser informada das razões para tal proibição, e nesse caso os pais deverão seguir as regras supracitadas, como explicar o que são as drogas e responder a todos os porquês.

Capítulo 5

O GUIA DO PROFESSOR CONTRA AS DROGAS

O objetivo deste capítulo é orientar professores no sentido de obter informação e prevenir que seus alunos se tornem usuários de drogas. Descrevo a seguir as 12 regras dos professores para prevenção.

1) Estude sobre as drogas

Conhecer esse inimigo deve ser o primeiro passo do professor que deseja ajudar no árduo trabalho de prevenção ao uso do álcool e de outras drogas. Esteja preparado para responder as mais diversas perguntas sobre o tema.

Lembre-se de que você é um grande exemplo aos alunos, e caso não esteja preparado ou demonstre fraqueza os estudantes se sentirão inseguros em procurá-lo para falar disso.

Outro aspecto importante dessa preparação é que muitas dúvidas de seus alunos serão questões consideradas polêmicas, como: "É verdade que maconha nos deixa relaxados e não faz mal à saúde?"

Portanto, amigo professor, capacite-se, estude bastante.

2) Esteja envolvido com um programa educacional preventivo

O programa educacional preventivo é uma forma eficaz de prevenção a ser realizada nas escolas. Esse programa pode ser implementado desde o jardim de infância até o final do ensino médio e baseia-se na aplicação de aulas, leituras, filmes, grupos de estudo e apresentações individuais que abordem a questão das drogas continuamente na escola.

Além disso, palestras e debates direcionados aos professores, aos pais e aos alunos e ministrados por educadores, médicos, psicólogos, advogados, conselheiros, policiais, líderes comunitários e demais especialistas na área da dependência química mostram-se essenciais para a abordagem do tema sob diferentes aspectos e pontos de vista.

O objetivo do programa é orientar, informar e mostrar o mundo das drogas para os alunos, seus familiares e profissionais da educação com a intenção de formar opiniões favoráveis ao trabalho de prevenção do consumo dessas substâncias pelas crianças e adolescentes inseridos no ambiente escolar.

Essas atividades precisam ocorrer continuamente durante todo o ano letivo e envolver professores, orientadores, pais e alunos.

3) Seja habilidoso na comunicação

Saiba conversar com seus alunos de maneira amigável — mostre-se empático para que o ambiente escolar seja positivo e agradável. Os estudantes precisam se sentir seguros para compartilhar experiências com você e com o grupo de colegas.

Evite posturas autoritárias, sermões e ameaças de punição. Esses comportamentos prejudicam a relação professor-aluno, dificultam a interatividade em sala de aula e aumentam a possibilidade de comportamentos opositivos, desafiadores, desmotivando e muitas vezes promovendo o abandono dos estudos.

4] Ajude a construir a autoestima dos alunos

Crianças e adolescentes com baixa autoestima apresentam maiores chances de se envolver com drogas, portanto a figura dos professores é importantíssima para a proteção desses estudantes.

Faça um reforço positivo ao aluno, elogiando, estimulando e incentivando, mesmo quando o desempenho está abaixo do esperado. Quando precisar criticar, evite expor o aluno diretamente à turma, converse separadamente, seja enfático, mas amigável.

5) Não tolere atos de bullying

O bullying pode também colaborar para um prejuízo na autoestima do aluno e favorecer o envolvimento do jovem com as drogas. Não é demais frisar que é dever do professor zelar pelo ambiente positivo e acolhedor dentro da escola.

6) Fique atento aos transtornos comportamentais infantis

Uma vez que os transtornos comportamentais na infância e adolescência estão presentes em até 89% dos adolescentes envolvidos com drogas, fique atento, e se identificar prejuízos acadêmicos e de relacionamento social de seu aluno encaminhe para uma avaliação comportamental completa, com um médico psiquiatra especialista em infância e adolescência.

7] Ensine sobre as pressões da juventude

A pressão que os adolescentes sofrem para serem aceitos em determinados grupos é corriqueira e determinante em sua maneira de agir, pensar, falar, se vestir e se comportar.

Essa pressão para ser aceito pode ser positiva (para tirar boas notas no colégio, praticar esportes e se tornar membro da equipe da escola) ou negativa (matar aula, fumar cigarro, beber cerveja, depredar patrimônios públicos ou furtar objetos em lojas). Portanto cabe a você, professor, orientar seus alunos sobre a importância da individualidade e de saber diferenciar a pressão positiva da negativa.

8] Assertividade

Para saber dizer "não", o estudante precisa ser assertivo em suas colocações. Dessa forma, poderá mostrar a outros jovens que ele não precisa usar drogas para ser feliz ou para fazer parte de determinado grupo de alunos. O aluno poderá ser afirmativo em suas colocações, fazendo valer seus interesses, sem prejudicar ou agredir os colegas e colocando em prática sua individualidade.

Esse tipo de comportamento assertivo poderá ser ensinado por você, professor. Mostre a importância de ser enfático e educado para exercer seus direitos, sem acatar ordens indesejadas apenas para ser aceito.

Ninguém é obrigado a fazer nada contra sua vontade, e seguir a própria vontade, respeitando o próximo, não torna ninguém melhor ou pior que os outros.

9) Aulas sobre drogas

Existem inúmeras maneiras de se trazer o assunto das drogas para dentro de sala de aula. O ideal é que isso ocorra com frequência e regularidade para que, aos poucos, seja formado um pensamento crítico a respeito.

Cada professor pode abordar o tema de formas diferentes e utilizando a própria disciplina. Por exemplo, o professor de matemática pode fazer cálculos sobre o gasto financeiro desnecessário para manter o vício em cigarro e álcool. O professor de biologia e ciências pode analisar os efeitos biológicos deletérios da droga no cérebro humano, enquanto o de história pode falar das personalidades importantes que perderam suas vidas para as drogas.

O apelo emocional e simbólico de ícones e ídolos da juventude pode gerar grande sensibilização de crianças e adolescentes. Astros da música brasileira e internacional ou ídolos dos esportes que morreram de overdose podem trazer à tona discussões sobre o problema da dependência.

Nas aulas de geografia ou geopolítica pode-se debater, por exemplo, os prejuízos econômicos gerados à nação e a todos nós, relacionando as drogas com a violência urbana, a criminalidade, a pobreza, a prostituição infantil, a corrupção, o abandono escolar, o desemprego, além de outras infinitas questões. Em português, uma atividade interessante pode ser a leitura e interpretação de textos sobre o tema.

Nos Estados Unidos, por exemplo, já existem disciplinas escolares que tratam exclusivamente do assunto.

10) Grupos de estudo e discussões

A formação de pequenos grupos de estudo, contando com cinco ou seis alunos, é importante ferramenta. Cada grupo pode discutir diferentes aspectos: definição do que são as drogas, quais seus efeitos, consequências, prejuízos e peculiaridades de cada uma.

O aluno deve ser estimulado a falar, discutir, pensar, racionalizar, criticar e questionar. O objetivo do trabalho será formar opiniões pessoais.

Alguns trabalhos em determinadas escolas não surtem efeito, pois, muitas vezes, convivemos com instituições que "emburrecem" seus estudantes. Escolas do tipo "fábricas de decorar" ou "indústrias de vestibulandos" colaboram para a formação de adultos imaturos, inábeis socialmente e vulneráveis às drogas.

A escola deve ser um ambiente onde o jovem é estimulado a pensar e raciocinar para depois agir tendo convicções e opiniões próprias, comportando-se, assim, de maneira habilidosa, consciente e responsável.

11) Role playing

O *role playing* é uma técnica psicodramática que utiliza o teatro como ferramenta. Os estudantes tentam vivenciar em cena questões problemáticas que ocorrem na vida real.

Situações de risco, em que é possível recusar a droga, ser assertivo nas colocações, resolver problemas, buscar soluções e alternativas ao uso de álcool e outras drogas podem ser encenadas e discutidas após o término do exercício. Os próprios alunos devem ser os escritores, roteiristas, diretores e atores.

Após o término da apresentação, todos os jovens devem discutir e questionar o que foi apresentado, pensar em soluções alternativas ajustando à sua realidade, expor dúvidas e debater a situação-problema apresentada.

12) Eduque de verdade seus alunos

Educar, segundo definição do Dicionário Aurélio, é: "Promover o desenvolvimento da capacidade intelectual, moral e física de alguém ou de si mesmo."

Portanto, amigo professor, fica claro que educar é muito mais do que ensinar a decorar tabuadas, equações do segundo grau ou conhecer os mártires da Inconfidência Mineira e da Revolução Francesa. Educar é ensinar a pensar, discutir, questionar, duvidar, raciocinar e, dessa maneira, formar opiniões.

Esse treinamento diário em sala de aula, mesmo que não esteja ligado diretamente ao tema, já é um mecanismo e uma ferramenta importantíssima para o combate, pois cria habilidades sociais e intelectuais importantes para que o jovem saiba diferenciar o certo do errado e tome suas decisões de forma assertiva e responsável.

Capítulo 6

COMO SABER SE MEU FILHO OU ALUNO ESTÁ USANDO DROGAS?

Essa é provavelmente uma das grandes perguntas que todos os pais devem se fazer quando percebem que há algo diferente no comportamento dos filhos. Mas a que devemos ficar atentos? Quais são os sinais de alerta ou pistas que podem auxiliar pais e professores na identificação desse problema?

Na escola pode haver perda de interesse, queda de rendimento escolar, atitude negativista, atrasos e faltas injustificáveis, problemas de disciplina, envolvimento com alunos que usam drogas, mudanças radicais na aparência, vestimentas e apresentação pessoal.

Sintomas físicos como fadiga, problema de sono, dor de cabeça, enjoo, mal-estar, negligência com higiene pessoal ou abandono dos esportes podem ser sinais sugestivos também.

Fatores associados ao uso de álcool e outras drogas:

- ❏ Pais usuários de drogas e álcool
- ❏ Atividades delinquenciais
- ❏ Baixa religiosidade
- ❏ Depressão
- ❏ Baixa autoestima
- ❏ Transtorno desafiador opositivo
- ❏ Transtorno de conduta
- ❏ Transtorno de déficit de atenção/hiperatividade
- ❏ Fácil acesso às drogas ilícitas
- ❏ Inicialização precoce ao consumo de cigarro e álcool
- ❏ Amigos que consomem álcool, cigarro ou maconha

COMO SABER SE MEU FILHO OU ALUNO ESTÁ USANDO DROGAS?

- ❑ Baixo desempenho acadêmico
- ❑ Ambiente doméstico conturbado
- ❑ Problemas de hierarquia em casa

Fatores de proteção contra o uso de álcool e outras drogas:

- ❑ Rede de apoio familiar saudável
- ❑ Boa relação entre pais e filhos
- ❑ Monitoramento no lugar de controle rígido e autoritário
- ❑ Religiosidade
- ❑ Autoestima
- ❑ Ausência de transtornos comportamentais infantis
- ❑ Bom desempenho acadêmico
- ❑ Distância de usuários de drogas
- ❑ Boa rotina esportiva e acadêmica
- ❑ Equilíbrio entre afeto e limite no ambiente doméstico

A seguir, são enumeradas 32 perguntas que todos os pais, familiares, amigos e professores devem responder sobre o comportamento atual do adolescente. Elas podem servir de pistas na investigação de um possível envolvimento com substâncias psicoativas.

Vale lembrar que esses são apenas indícios a serem investigados, não significam necessariamente que o jovem esteja envolvido com drogas, mas servem de alerta.

32 perguntas que todos os pais e professores devem responder

- ❏ O jovem fez mudanças radicais na própria aparência ou negligenciou seus hábitos de higiene?
- ❏ Utiliza roupas com slogans de apologia às drogas?
- ❏ Escuta músicas ligadas ao tráfico ou de apologia às drogas?
- ❏ Defende que o consumo de maconha ou bebidas alcoólicas não é prejudicial à saúde?
- ❏ Está fumando cigarro?
- ❏ Está chegando bêbado em casa?
- ❏ Está frequentando raves?
- ❏ Está dirigindo bêbado?

COMO SABER SE MEU FILHO OU ALUNO ESTÁ USANDO DROGAS?

- ❏ Tem o hábito de mentir, roubar ou enganar outras pessoas?
- ❏ Tem se envolvido em brigas?
- ❏ Tem entrado em atrito familiar constantemente?
- ❏ Apresenta-se agressivo, revoltado ou nervoso?
- ❏ Apresenta fala arrastada?
- ❏ Tem estado com os olhos avermelhados?
- ❏ Fica acordado a madrugada toda e dorme durante o dia?
- ❏ Se nega a dizer aonde vai e com quem?
- ❏ Tem vendido objetos pessoais?
- ❏ Itens de valor desapareceram de sua casa?
- ❏ Trocou de grupo de amigos?
- ❏ A maioria de seus amigos é de usuários de drogas?
- ❏ Antigos amigos mostram-se preocupados com seu comportamento?
- ❏ Tem apresentado prejuízos acadêmicos?
- ❏ Tem matado aula?
- ❏ Tem apresentado problemas com professores e coordenadores da escola?
- ❏ Frequentemente é suspenso das aulas?
- ❏ Abandonou os estudos?
- ❏ Abandonou os esportes?

MANUAL DA ADOLESCÊNCIA

- ❏ Tem se isolado de todos?
- ❏ Anda sem motivação para fazer nada?
- ❏ Apresenta mudanças súbitas de humor?
- ❏ Tem estado deprimido?
- ❏ Tem falado em suicídio?

Capítulo 7

MEU FILHO ESTÁ USANDO DROGAS, E AGORA?

Se você desconfia de que seu filho está usando drogas, o primeiro passo é tentar conversar com ele e investigar se sua preocupação procede. Caso ele esteja mesmo usando, há duas situações: ele pode admitir e pedir ajuda ou negar. Em ambos os casos, procure um médico psiquiatra especialista em dependência química para uma avaliação comportamental completa.

Nessa avaliação comportamental o médico vai tentar identificar todos os sintomas suspeitos de

MANUAL DA ADOLESCÊNCIA

envolvimento problemático com álcool e outras drogas, além de outros transtornos comportamentais. Testes laboratoriais para drogas de abuso podem ser solicitados durante a investigação.

Caso seu filho tenha utilizado alguma droga, isso não significa que ele seja um dependente químico. Ele pode estar fazendo um uso abusivo da substância sem ainda sofrer prejuízos muito significativos, portanto, quanto mais precoce for o diagnóstico, mais fácil será o tratamento e maiores serão as chances de recuperação do jovem.

Quais são as opções de tratamento?

Na verdade, a definição da melhor estratégia de tratamento dependerá de uma série de fatores a serem investigados pelo médico. O(s) tipo(s) de drogas utilizadas, padrão de uso, quantidade, frequência, forma de administração da substância, tempo de utilização, prejuízos sociais, ocupacionais e acadêmicos acarretados, grau de consciência do problema, comprometimento e adesão do jovem e de sua família ao tratamento são apenas alguns fatores importantes a serem investigados antes da escolha da melhor terapêutica.

A determinação do programa de tratamento junto ao paciente com a explicação científica do transtorno, suas implicações na saúde física e mental, prejuízos sociais e acadêmicos existentes e a formulação de metas a serem atingidas deve ser explicada com clareza.

Será também de fundamental importância a participação da família para a adesão ao tratamento. Todas as estratégias terapêuticas buscam o desenvolvimento de habilidades sociais que possam ajudar o paciente e sua família na solução de problemas e na prevenção de recaídas.

A busca pela abstinência, a retomada dos estudos e do trabalho, o lazer, a prática esportiva e a melhoria das relações interpessoais devem ser enfocados. Adolescentes abstinentes experimentam diminuição de conflitos pessoais, melhora acadêmica e no envolvimento social e ocupacional.

A seguir, descrevo as principais estratégias terapêuticas utilizadas no tratamento de usuários de drogas:

Internação

A internação em clínicas especializadas no tratamento de problemas relacionados ao álcool e às drogas pode ser uma opção terapêutica, embora nem sempre seja necessária. Costuma ser realizada a curto prazo a fim de se evitarem crises de abstinência ou episódios de recaída, muito frequentes no início da terapêutica.

A internação temporária para desintoxicação e formação de vínculo com os diversos profissionais envolvidos — como médico psiquiatra, clínico geral, psicólogo e terapeutas especialistas em dependência química — e para reaproximação da família pode ser uma boa alternativa para o início do tratamento, mas a internação do paciente é uma decisão que deve ser tomada em conjunto entre a equipe terapêutica e a família.

Medicação

A medicação pode ser uma ferramenta necessária no tratamento do usuário de drogas, uma vez que grande parcela desses jovens apresenta transtornos comportamentais associados, ou sintomas físicos e psicológicos decorrentes do uso de drogas, ou ainda pela síndrome de abstinência que elas provocam no organismo.

Muito importante enfatizar que os pais não devem oferecer medicamentos a seus filhos sem a prescrição e orientação de um médico especialista em dependência química.

Basicamente destaco quatro classes de medicamentos:

Antidepressivos: são medicamentos utilizados para tratamento de episódios depressivos e transtornos ansiosos associados. Os mais utilizados são os inibidores seletivos da recaptação de serotonina, como a fluoxetina, sertralina, paroxetina, citalopram, escitalopram e a venlafaxina.

Estabilizadores do humor: são medicamentos utilizados para o tratamento de transtorno bipolar do humor e quadros de impulsividade. Os mais utilizados são o divalproato de sódio, carbonato de lítio, oxcarbazepina, lamotrigina, gabapentina e topiramato.

Benzodiazepínicos: são medicamentos utilizados para tratamento de transtornos de ansiedade, insônia, agitação e sintomas de abstinência de drogas. Os mais utilizados são alprazolam, clonazepam, diazepam, lorazepam, bromazepam, midazolam, flurazepam e clordiazepóxido.

Neurolépticos ou antipsicóticos: são medicamentos utilizados para tratamento de transtornos psicóticos como esquizofrenia, transtornos psicóticos induzidos pelo uso das drogas de abuso, quadros confusionais desencadeados pela síndrome de abstinência de drogas ou sintomas de agitação motora, inquietação, nervosismo e agressividade. Os mais utilizados são haloperidol, risperidona, aripiprazol e quetiapina.

Além das medicações citadas anteriormente existe uma série de medicamentos utilizados para tratamentos específicos, dependendo da droga de abuso em questão. Dependentes do tabaco, por exemplo, podem beneficiar-se da utilização de repositores de nicotina sob a forma de adesivos ou goma de mascar, enquanto dependentes de opioides devem realizar um esquema de *wash out* ou retirada gradual da droga, substituindo-a por dosagens inferiores de metadona até a abstinência total. No alcoolismo contamos, por exemplo, com o naltrexona, o acamprosato e o dissulfiram, medicamentos utilizados especificamente para tratamento da dependência de álcool.

Terapia cognitivo-comportamental

A terapia cognitivo-comportamental é uma modalidade terapêutica amplamente utilizada em todo o mundo para o tratamento de diversos transtornos comportamentais, inclusive o uso abusivo e a dependência de drogas.

Trata-se de um conjunto de técnicas que se caracterizam por serem estruturadas, objetivas e práticas. As técnicas são desenvolvidas segundo estudos, teorias e princípios do comportamento humano e visam modificar pensamentos, crenças, valores e atitudes ligadas aos conceitos que levam ao abuso de substâncias, proporcionando uma modificação duradoura nos comportamentos relacionados ao seu consumo.

Segundo estudos internacionais, a terapia cognitivo-comportamental, juntamente com a entrevista motivacional, representa o que há de mais moderno no tratamento de usuários de álcool e outras drogas, pois apresenta os melhores resultados terapêuticos, além de suas técnicas serem flexíveis aos diversos componentes envolvidos nas diferentes drogas de abuso.

Entrevista motivacional

A entrevista motivacional representa a vanguarda do tratamento do uso e da dependência de drogas, pois envolve a utilização de modernas técnicas que visam ao desenvolvimento de motivação para mudança ao se trabalhar a resolução da ambivalência em relação a mudar ou não o comportamento.

Logo, essas técnicas se destinam a jovens inseguros e indecisos sobre a necessidade de dar um fim ao vício. Esse comportamento ambivalente quanto à necessidade de mudanças é muito comum entre estudantes usuários de drogas, e as técnicas de entrevista motivacional são aliadas poderosas para colocar e manter o jovem em tratamento.

Psicoterapia de grupo

A terapia de grupo envolve um conjunto de técnicas terapêuticas utilizadas com um grupo de pacientes. Trata-se de uma excelente ferramenta terapêutica para o trabalho com jovens e adolescentes, pois estes irão tornar-se mais confiantes expondo seus pensamentos e questões perante outros estudantes com problemas semelhantes, favorecendo uma identificação etária natural e saudável.

Logicamente, o profissional deverá ser muito habilidoso, pois lida com diferentes jovens, que apresentam problemas, pensamentos, queixas, interesses e opiniões conflitantes.

A psicoterapia de grupo tem a capacidade de promover identificação entre os adolescentes, assim como ofertar apoio, informação, debates e confrontos de opiniões, e ainda desenvolver os conceitos de mudança de atitudes perante o álcool e outras drogas.

Um dos objetivos da psicoterapia de grupo é oferecer a possibilidade de substituição da identificação do jovem com o grupo de usuários de drogas por um grupo de reformulação de vida e tratamento.

Terapia familiar

Quase sempre que observo um adolescente com problemas com álcool ou outras drogas, encontro famílias desestruturadas, com problemas e dificuldades de relacionamentos afetivos, de hierarquia e de comunicação.

A terapia familiar é uma modalidade terapêutica indispensável no tratamento de jovens usuários de drogas e parte do princípio de que o núcleo familiar está disfuncional. Normalmente, as famílias estão devastadas pelo problema, fazendo-se necessário incluí-las no processo terapêutico.

Intervenções familiares serão de grande importância para a identificação e o tratamento de interações problemáticas dentro de casa, para melhoria das relações sociais e afetivas e para a criação de uma verdadeira rede de apoio familiar que vai auxiliar na prevenção de recaídas.

Psicoeducação

A psicoeducação envolve todos os esforços para informar e conscientizar o jovem usuário, assim como seus pais, familiares, professores e amigos, a respeito das drogas, como elas interferem em suas vidas.

Esse trabalho informativo auxilia o jovem a lidar com as situações problemáticas. Literatura específica sobre cada droga de abuso deve ser ofertada ao estudante e a todas as pessoas envolvidas no tratamento.

Alcoólicos Anônimos e os grupos de mútua ajuda

O Alcoólicos Anônimos (AA) foi fundado nos Estados Unidos em 1935 e conta hoje com cerca de dois milhões de membros em mais de cem mil grupos espalhados por aproximadamente 150 países ao redor do mundo.

Os grupos baseiam-se no anonimato de seus membros e são regidos pelos 12 Passos e 12 Tradições dos AA. O processo é realizado a partir de reuniões entre seus membros nas quais são trabalhados os "12 passos para a sobriedade". A busca pela abstinência total do álcool é o objetivo do programa, que inspirou a criação de dezenas de outros grupos de mútua ajuda para os mais diferentes problemas, como os Narcóticos Anônimos.

O sucesso dos grupos de mútua ajuda se deve por serem anônimos, sem fins lucrativos, gratuitos, amplamente difundidos em grande parte das cidades, formado por uma comunidade de pessoas afetadas por problemas comuns e que se propõem a uma nova filosofia de vida, longe do álcool e de outras drogas.

Nos grupos, os membros têm espaço para dar depoimento, expor sentimentos, angústias e frustrações, sem medo de serem julgados, rejeitados ou de receberem um retorno negativo das outras pessoas. As reuniões são fundamentadas na confiança em um poder Superior, Deus.

O tratamento pode representar uma nova chance de reestruturação pessoal, apoio, reconstrução de autoestima, melhoria das habilidades sociais e de relacionamento, formação de novas amizades e a criação de interações afetivas mais estruturadas.

Rede de apoio social

Uma vez que o jovem usuário se afasta dos antigos amigos e familiares, optando pela companhia de outros usuários ou pelo isolamento, a rede de apoio social formada pelos familiares e amigos não usuários será de grande importância para o tratamento, conforme apontam os estudos mais modernos. Esses parceiros contribuirão na reconstrução de relacionamentos afetivos saudáveis, confiáveis e duradouros.

A rede de apoio, se bem orientada, poderá ajudar e estimular mudanças de atitude e postura no jovem. O objetivo final será ajudar a promover a abstinência total da droga, a prevenção de recaídas e a difícil readaptação.

Capítulo 8

DEPRESSÃO NA ADOLESCÊNCIA

Durante muito tempo acreditou-se que crianças e adolescentes não eram afetados pela depressão. No entanto, sabemos hoje que estes são tão suscetíveis ao transtorno quanto os adultos, e tal diagnóstico pode interferir bastante na rotina, na vida social e acadêmica.

A depressão infantil atinge aproximadamente 1% das crianças pré-escolares, 2% das crianças em idade escolar e aumenta para 6% nos adolescentes. A incidência em ambos os gêneros é similar durante a infância, mas na adolescência as taxas entre meninas são maiores do que entre meninos.

Crianças e adolescentes com depressão apresentam, com frequência, sinais de tristeza, falta de motivação e solidão, em alguns casos humor irritável ou instável. É comum também explosões de raiva e envolvimento em brigas corporais, seja no ambiente escolar ou durante a prática esportiva.

A criança pode enfrentar dificuldade de se divertir, queixar-se de tédio ou de falta do que fazer, pode manifestar resistência à socialização com outras crianças, dando preferência a atividades solitárias.

Em sala de aula ou no recreio, se uma criança até então sociável e enturmada começar a se isolar de uma hora para outra, sem motivo aparente, é sinal de alerta para os professores. O transtorno quase sempre implica queda do desempenho escolar, porque crianças e adolescentes com depressão têm dificuldade de se concentrar, perdem o interesse e a motivação, além de apresentarem uma lentidão de pensamento e raciocínio. E o resultado disso tudo é observado no boletim escolar.

DEPRESSÃO NA ADOLESCÊNCIA

São comuns também sintomas físicos como cansaço, falta de energia, dores de cabeça ou de barriga, insônia, e outros mais emocionais como preocupações excessivas, sensação de culpa, autoestima baixa, choro, hipoatividade, fala lenta, monótona e monossilábica.

Pensamentos recorrentes sobre a morte, ideias e planejamento de suicídio podem estar presentes em todas as idades, e os atos suicidas tendem a ocorrer com maior frequência entre adolescentes. Sabemos que comportamentos de risco durante a adolescência são comuns, entretanto podem se acentuar durante a depressão, como a prática sexual promíscua e sem proteção e o abuso de álcool ou outras drogas.

Os transtornos associados à depressão estão presentes entre 30 e 60% dos casos, sendo mais comuns os transtornos ansiosos, o transtorno de déficit de atenção/hiperatividade, o transtorno de conduta, o transtorno desafiador opositivo e o abuso de álcool ou de outras drogas.

O transtorno depressivo produz dificuldades sociais e acadêmicas que podem comprometer o desenvolvimento e funcionamento social da criança ou do adolescente. Esses prejuízos podem repercutir durante toda a vida do estudante, sobretudo quando a depressão não recebe o tratamento apropriado. Provavelmente muitos episódios depressivos identificados em pacientes adultos são, na verdade, episódios recorrentes de um transtorno depressivo iniciado na infância ou na adolescência.

Identificando a depressão na escola

- ❏ Queda do rendimento escolar
- ❏ Irritabilidade
- ❏ Impulsividade
- ❏ Brigas
- ❏ Isolamento em sala de aula e no recreio
- ❏ Tristeza
- ❏ Falta de motivação
- ❏ Choro fácil
- ❏ Fala monótona
- ❏ Queixas físicas (dores de cabeça, dores musculares)
- ❏ Pensamentos recorrentes sobre a morte
- ❏ Sensação de culpa

Quais são as causas?

A depressão tem origem multifatorial: genética, associada a fatores bioquímicos, hormonais e ambientais.

Dados epidemiológicos revelam que caso de depressão na família é fator de risco para o diagnóstico: filhos de pessoas depressivas têm até três vezes mais chance de desenvolver o transtorno durante a vida.

Alterações de substâncias químicas do cérebro chamadas neurotransmissores também são encontradas em pacientes com depressão. Nesse caso, a principal hipótese está relacionada ao baixo aporte de serotonina e noradrenalina na fenda sináptica, área de comunicação entre as células nervosas.

Vale ressaltar que estou falando de alterações de substâncias químicas no cérebro em nível celular, nos neurônios. Portanto a dosagem de serotonina no sangue ou por meio de testagens com fios de cabelo é um grande mito, um absurdo, pois não é possível recorrer a exames para identificar sua diminuição.

Outro fator importante para o desencadeamento de episódios depressivos é o grau de estruturação familiar e o ambiente doméstico em que o jovem estudante está inserido. Crianças e adolescentes vivendo em lares hostis, desestruturados, com interações familiares estressantes, convivendo com pais agressivos ou negligentes enfrentam maiores chances de desenvolver um quadro depressivo.

Inversamente proporcional a isso é o fato de que interações familiares saudáveis podem apresentar uma função protetora para episódios depressivos na infância e na adolescência e colaboram para um funcionamento comportamental melhor desse estudante em desenvolvimento.

O que fazer?

O tratamento da depressão na infância e adolescência envolve a associação de medicamentos antidepressivos, psicoterapia e psicoeducação para orientação de pais e professores.

Os antidepressivos mais utilizados são os inibidores seletivos da recaptação de serotonina, medicamentos eficientes, modernos, seguros, bem recebidos pelos pacientes por apresentarem efeitos colaterais muito leves e nenhum risco de dependência. Ressalto que quadros de depressão leve não exigem apoio medicamentoso, enquanto quadros moderados a graves, sim.

A terapia cognitivo-comportamental é a mais indicada para o tratamento de episódios depressivos em crianças e adolescentes. Além disso, a terapia familiar pode ser aliada ao tratamento, pois na maioria das vezes seus membros ficam desestabilizados.

O trabalho psicoeducativo com pais e professores será fundamental, em especial nos casos em que o paciente oferecer resistência ao diagnóstico e ao tratamento. Informar o jovem, seus familiares e professores sobre as características da doença, seus sintomas, prejuízos e consequências será fundamental para que uma rede de apoio seja formada em benefício da criança ou do adolescente. Saber identificar e minimizar estressores ambientais faz parte do tratamento e será importante para a evolução positiva do quadro depressivo.

Muitas vezes a depressão vem com outros transtornos comportamentais associados, como transtornos ansiosos, TDAH, transtorno desafiador opositivo e transtorno de conduta, que devem ser igualmente tratados.

Caso clínico

João, 16 anos, estudante do segundo ano do ensino médio de uma escola particular no bairro do Recreio dos Bandeirantes, Rio de Janeiro.

A coordenadora pedagógica da escola me encaminhou o estudante após identificar uma mudança repentina no seu comportamento. João, que sempre foi um aluno popular e com um desempenho acadêmico acima da média, vinha apresentando queda significativa nas notas nos últimos meses. Sua participação em sala de aula estava afetada, mostrava-se desinteressado, desatento e desmotivado. De atleta titular da equipe de futsal, passou a faltar aos treinos por conta do cansaço e se isolou do grupo de amigos na hora do recreio.

A coordenadora relatou: "Aquele aluno alegre e brincalhão não existe mais, tem chorado sozinho no recreio, não participa das aulas como antes."

Na entrevista com os pais, não foram identificados fatores domésticos e ambientais que estivessem interferindo em seu desempenho e justificando a mudança comportamental. No entanto, os pais relataram histórico de depressão na família (pai e avô paternos).

Ao ser entrevistado, João confessou que andava triste, desmotivado com tudo e sentindo-se culpado pelos problemas na escola. "A vida tá cinza, sem graça, doutor. Está tudo ruim, sou um péssimo aluno, péssimo filho, não tenho amigos." Ao ser questionado diretamente, afirmou que teve pensamentos suicidas havia uma semana, disse que sua vida havia perdido o sentido, mas

DEPRESSÃO NA ADOLESCÊNCIA

que não teria coragem de cometer o ato por medo e por amar seus pais.

João realizou exames sanguíneos para descartar problemas hormonais que pudessem justificar suas alterações de humor, e decidimos por uma intervenção médica com remédio antidepressivo, sessões de psicoterapia cognitivo-comportamental, orientação psicoeducacional à família e à escola e monitoramento quanto aos pensamentos recorrentes de morte e risco de suicídio.

Quatro meses após o início da terapia, João passou a se sentir muito melhor, a negar pensamentos mórbidos, e seu desempenho acadêmico melhorou. Além disso, ele voltou a se entrosar com o grupo de amigos e a vestir a braçadeira de capitão do time de futsal da escola.

Capítulo 9

TRANSTORNO BIPOLAR NA ADOLESCÊNCIA

O transtorno bipolar na adolescência é uma condição comportamental grave com repercussões no funcionamento social e acadêmico de muitos estudantes brasileiros.

Esse diagnóstico tem como característica principal a fase maníaca do transtorno, apresentando alterações ou oscilações de humor, que pode se mostrar exaltado ou irritável. Essa mudança súbita costuma produzir ataques prolongados de raiva ou agressividade, chamados de tempestades comportamentais. Também pode ocorrer alternância com fases depressivas, marcadas pelos sintomas clássicos da depressão infantil. Aliás, não é incomum perceber um primeiro episódio depressivo na criança precedendo o surto maníaco.

As taxas de prevalência para o transtorno bipolar do humor estão em torno de 0,5% para a população infantojuvenil, e estima-se que exista uma distribuição maior entre os meninos, quando comparados com as meninas.

Durante as tempestades comportamentais ou ataques de fúria, o jovem demonstra muita irritabilidade, agressividade e impulsividade, normalmente repercutindo em violência física, destruição de objetos, brigas e agressões contra amigos e familiares. Esse temperamento agressivo também provoca piora dos sintomas opositivos e desafiadores já inerentes à juventude.

Na escola observa-se piora no desempenho acadêmico, acompanhada de grande dificuldade de concentração, hiperatividade, agressividade, labilidade afetiva, com rápidas mudanças de humor, autoestima elevada, excitabilidade, hipersexualidade, piadas e diálogos de caráter sexual ou até mesmo atos sexuais inadequados.

Alguns pacientes relatam que não conseguem fazer nada porque a cabeça está sempre a mil por hora. Há conflito de ideias, insônia, envolvimento excessivo em atividades prazerosas que apresentam potencial elevado de consequências negativas, como abuso de álcool e de outras drogas, além da prática sexual promíscua e sem proteção.

Pensamentos surreais, ideias de grandeza, riqueza ou poder podem acontecer. Alguns estudantes relatam que são tomados por uma sensação de que estão tão cheios de energia, de que são invencíveis, poderosos e que se consideram aptos a discutir de igual para igual com pais, professores ou qualquer adulto.

É comum que o jovem se sinta triste por causa das brigas constantes, principalmente nas fases mais agitadas e irritadiças.

O transtorno bipolar na infância e adolescência pode ser confundido com outros transtornos psiquiátricos, como o transtorno de déficit de atenção/hiperatividade, devido à possibilidade de hiperatividade e agitação psicomotora, presente em ambos os casos. No entanto, no transtorno de déficit de atenção/hiperatividade não há um severo comprometimento do humor, e os acessos de raiva não são tão violentos e agressivos.

A utilização de determinados medicamentos como corticoide ou drogas como cocaína, anfetamina e êxtase pode simular um surto maníaco e deve ser interrompida mediante avaliação psiquiátrica e testes para drogas. Transtornos ansiosos também devem ser afastados para se fazer o diagnóstico do transtorno bipolar do humor.

O curso da doença tende a ser crônico, sendo que aproximadamente 20 a 40% dos pacientes adultos com esse diagnóstico apresentaram os primeiros sintomas ainda na infância.

Identificando o transtorno bipolar na escola

- ❑ Mudanças súbitas de humor
- ❑ Dificuldades nos relacionamentos
- ❑ Euforia
- ❑ Autoestima elevada
- ❑ Hipersexualidade
- ❑ Grandiosidade
- ❑ Pensamento e fala acelerados
- ❑ Distração
- ❑ Agitação

- ❑ Inquietação
- ❑ Necessidade de "aparecer e ser o centro das atenções"
- ❑ Irritabilidade
- ❑ Instabilidade emocional
- ❑ Agressividade e acessos de raiva

Quais são as causas?

Não existe uma causa específica para o surgimento do transtorno bipolar do humor, entretanto as principais hipóteses relacionam fatores genéticos ligados a alterações químicas no cérebro, como por exemplo o aumento de substâncias chamadas noradrenalina e dopamina. Assim, crianças cujos pais apresentaram esse diagnóstico têm maiores chances de desenvolver o transtorno.

Outra questão importante são os fatores ambientais que funcionam como gatilhos ao transtorno bipolar por potencializar essas vulnerabilidades genéticas. Isso significa que estudantes com componentes genéticos correrão maior risco de desenvolver a doença se expostos a estressores ambientais como violência doméstica, agressividade e negligência parental. Além disso, esses fatores ambientais podem interferir no prognóstico ao longo do tempo, piorando os sintomas.

O que fazer?

Estabelecido o diagnóstico do transtorno bipolar, o tratamento é iniciado com uma intervenção farmacológica que envolve a utilização de medicamentos estabilizadores do humor, como o carbonato de lítio, o ácido valproico, a oxcarbazepina, a lamotrigina e o topiramato. Outros medicamentos utilizados na fase maníaca do transtorno são os neurolépticos, como a risperidona, o aripiprazol, a quetiapina e o haloperidol. Na maioria dos casos, a utilização da medicação estabilizadora do humor deve ocorrer de maneira contínua, para evitar recaídas e a volta dos sintomas, comumente observados durante o curso natural do transtorno.

Internações de curto prazo podem ser necessárias em casos graves, nos quais ocorre muita agressão física contra terceiros, ou em casos de risco de autoagressão e suicídio.

TRANSTORNO BIPOLAR NA ADOLESCÊNCIA

A terapia cognitivo-comportamental é a terapia indicada e deverá ser utilizada com esse estudante, além da terapia familiar, pois o apoio psicológico será fundamental para todos os envolvidos.

A escola deve participar do tratamento conhecendo o problema, ajudando o aluno em possíveis necessidades educacionais especiais, trabalhando estratégias de controle de comportamentos agressivos e impulsivos, estimulando a socialização e adequação comportamental do estudante em sala de aula e no recreio escolar.

O tratamento psicossocial será fundamental e deve ser iniciado com um bom trabalho envolvendo o paciente, pais, familiares e escola. A ABRATA (Associação Brasileira de Familiares, Amigos e Portadores de Transtornos Afetivos) é uma instituição sem fins lucrativos que merece todo o destaque pelo belo trabalho psicoeducacional de orientação a familiares e portadores de transtornos afetivos.

Caso clínico

Artur tem 13 anos e é aluno do sétimo ano do ensino fundamental de uma escola em Jacarepaguá, Rio de Janeiro. Os pais chegaram ao consultório muito preocupados com seu comportamento. A principal queixa era a irritabilidade demonstrada nos últimos três meses:

"Ele está muito agressivo comigo, doutor Gustavo. Na última semana destruiu a televisão de LED de seu quarto, porque morreu em um jogo de videogame", explicou a mãe.

Os pais contaram que o filho sempre teve temperamento forte, com oscilações de humor, era irritadiço, sempre teve um comportamento impulsivo e, nas últimas semanas, vinha dormindo apenas quatro horas por noite.

Na escola, Artur agrediu violentamente outro aluno por ter se recusado a emprestar uma bola de futebol no recreio. Dez dias antes, ele perseguiu uma aluna no pátio, dizendo que queria transar com ela.

Na família, há histórico de um tio paterno com transtorno bipolar, um primo paterno em tratamento para transtorno de déficit de atenção/hiperatividade, e sua mãe e tia materna fazem tratamento para depressão.

Após intensa investigação clínica entramos com medicação estabilizadora do humor. Artur iniciou acompanhamento psicológico cognitivo-comportamental, seus pais iniciaram trabalho de orientação de pais, e a escola recebeu suporte e orientação psicoeducacional.

Capítulo 10

SUICÍDIO E COMPORTAMENTO SUICIDA NA ADOLESCÊNCIA

O comportamento suicida é uma manifestação prevalente entre adolescentes de todo o mundo e pode ser definido como qualquer ímpeto ou pensamento de causar lesão ou morte a si mesmo.

Para se ter uma ideia da dimensão desse fenômeno, o suicídio está entre as dez principais causas de morte em todo o mundo e entre as três primeiras quando se considera a faixa etária de 10 a 19 anos, atrás apenas de acidentes e homicídios. Nas crianças entre 5 e 14 anos, o suicídio é a quinta causa de morte, depois de acidentes, câncer, anormalidades congênitas e homicídio.

Recentes estudos epidemiológicos realizados com estudantes do ensino médio indicam que cerca de 14% dos jovens já pensaram em suicídio e cerca de metade deles realizou pelo menos uma tentativa nos últimos anos.

Crianças com ideias suicidas são três vezes mais propensas a executar esses atos na adolescência, e aquelas que tentam o suicídio na infância apresentam seis vezes mais chances de tentar novamente durante a adolescência.

Um número maior de jovens do sexo feminino já cogitou ou tentou suicídio, entretanto é maior o número de adolescentes do sexo masculino que cometem o ato. Um dos motivos para isso é que as tentativas entre os meninos tendem a ser mais agressivas, por vezes incluindo armas de fogo, facas ou enforcamento, enquanto mulheres optam por medicamentos ou venenos.

As armas de fogo foram responsáveis por mais de 40% dos suicídios entre jovens nas últimas décadas, e grande parte desses casos também teve excesso de álcool associado ao ato.

Identificando tendências suicidas na escola

- ❑ Bullying
- ❑ Tentativa de suicídio anterior
- ❑ Arma de fogo em casa
- ❑ Transtorno depressivo
- ❑ Transtorno bipolar do humor
- ❑ Transtornos ansiosos
- ❑ Alcoolismo
- ❑ Drogas
- ❑ Perda dos pais na infância
- ❑ Instabilidade familiar
- ❑ Violência doméstica
- ❑ Rede de apoio familiar não disponível
- ❑ Abuso sexual

Quais são as causas?

As causas do comportamento suicida não estão bem estabelecidas, mas fatores genéticos e alterações de substâncias químicas no cérebro podem estar relacionados.

Jovens com depressão, transtorno bipolar, transtornos ansiosos, transtorno de conduta, esquizofrenia e dependência química apresentam índices mais elevados de tentativa de suicídio. Entre esses fatores, o principal preditor para o comportamento suicida na adolescência parece ser o transtorno depressivo, sobretudo quando o primeiro episódio ocorre antes dos 20 anos. Um recente estudo identificou que 60% dos casos de suicídio de adolescentes estão relacionados à depressão.

Eventos de vida estressantes, principalmente antes dos 16 anos, também podem contribuir: morte dos pais, instabilidade familiar, violência doméstica, histórico de depressão ou suicídio na família e traços de personalidade com grande impulsividade, agressividade e labilidade do humor.

O que fazer?

O tratamento efetivo das condições ou fatores de risco relacionado ao comportamento suicida é medida-chave para a prevenção do suicídio em crianças e adolescentes.

SUICÍDIO E COMPORTAMENTO SUICIDA NA ADOLESCÊNCIA

Os transtornos comportamentais, sobretudo a depressão infantojuvenil, devem ser corretamente tratados quando identificados. O tratamento deverá abordar concomitantemente o trabalho de informação psicoeducacional envolvendo o paciente, sua família, a escola e toda a malha de apoio social em que este jovem está inserido.

Uma vez que comportamentos suicidas estão intimamente relacionados a ambientes familiares desestruturados, a terapia familiar é uma ferramenta importante na prevenção do suicídio. Outra técnica muito utilizada é a terapia cognitivo-comportamental, indicada para problemas de cognições disfuncionais e comportamentos impulsivos do jovem.

Nos casos mais graves de tentativa de suicídio a internação hospitalar é sempre indicada, mesmo quando o paciente está fora de risco. O objetivo, nesses casos, é a investigação das causas e dos fatores de risco relacionados que levaram ao ato, e ainda facilitar o vínculo e a adesão do jovem ao tratamento.

Gostaria de elogiar o belo trabalho de apoio realizado pelo Centro de Valorização da Vida (CVV). Trata-se de uma organização não governamental fundada em 1962 e que conta com cerca de 2.500 voluntários, divididos em 48 postos distribuídos pelo país. Seu trabalho é oferecer apoio emocional e prevenção do suicídio por meio de contato telefônico, chat, e-mail ou pessoalmente nos postos espalhados pelo país.

Caso clínico

André é um garoto de 14 anos, estudante de uma escola particular de Niterói. Os pais procuraram minha ajuda após encontrar uma carta de despedida deixada no quarto do jovem, na escrivaninha:

"André, 15 de abril, domingo

Pai, mãe, me desculpe.
Sei que não deveria fazer isso, mas é a única saída. Me desculpe, me desculpe.
Tá tudo complicado na escola, minhas notas também. Tô infeliz, ninguém lá gosta de mim e sou a piada da escola.
A vida tá muito barra pesada, sou o mais burro da escola, o mais fraco e não tenho nenhum amigo.
Muita dor, muita dor... me perdoe mãe e pai.

André."

Felizmente, os pais de André encontraram a carta antes que o jovem realizasse o ato. Durante a investigação clínica ficaram evidentes os sintomas de um episódio depressivo grave. A intervenção clínica baseou-se no uso de uma medicação antidepressiva, associado a sessões de psicoterapia cognitivo-comportamental, orientações psicoeducativas à família e escola sobre depressão e suicídio na adolescência.

Após nove meses de tratamento clínico, os sintomas depressivos desapareceram, seu desempenho acadêmico e social está ótimo e a medicação foi suspensa. André mantém o tratamento em dia e participa de sessões semanais de psicoterapia cognitivo-comportamental. Ele terá alta da terapia em breve.

Capítulo 11

TRANSTORNOS ANSIOSOS NA ADOLESCÊNCIA

Os transtornos ansiosos compreendem condições comportamentais diferentes entre si, mas que comumente provocam sensações subjetivas de desconforto, inquietação, ansiedade, além de desencadear sintomas somáticos como sudorese, boca seca, taquicardia (coração acelerado) e nervosismo, entre outros sintomas.

O desenvolvimento de transtornos ansiosos em adolescentes é resultado da interação de múltiplos fatores como herança genética, grau de ansiedade

MANUAL DA ADOLESCÊNCIA

paterna, temperamento, tipo de relação e estilo de criação, além das próprias experiências vivenciadas na infância e início da adolescência.

A morte de um parente querido, o comportamento ansioso dos pais ou até mesmo assistir a uma notícia ansiogênica na TV, por exemplo, pode contribuir para o desencadeamento desses transtornos na infância e na adolescência.

Apesar disso, precisamos estar atentos para situações cotidianas em que uma criança experimenta medo, insegurança e ansiedade, sem que isso seja uma doença do comportamento. Por exemplo, é normal uma criança sentir medo de monstros, fantasmas, figuras do imaginário popular; faz parte do desenvolvimento da criança e não deve ser considerado um transtorno comportamental da ansiedade. Obviamente que os mesmos sintomas em um adolescente devem ser encarados de forma diferente.

Nas situações patológicas a intervenção interdisciplinar será muito importante e capaz de auxiliar no manejo dos sintomas ansiosos. O primeiro passo no tratamento desses transtornos será a psicoeducação, a orientação aos pais, professores e familiares por meio de materiais informativos sobre o transtorno, tais como livros, guias, textos e folhetos explicativos. Quanto mais informação a respeito do diagnóstico, dos sintomas, das características e do tratamento, mais fácil será lidar com o problema.

Atualmente, segundo as principais pesquisas científicas internacionais, a terapia cognitivo-comportamental representa uma ferramenta importante no tratamento de transtornos ansiosos.

O conjunto de técnicas inclui o reconhecimento dos sintomas, a identificação de sentimentos, pensamentos, reações do organismo e fatores que desencadeiam a ansiedade, para que seja possível desenvolver planos para lidar com o problema. Além disso, estratégias em habilidades sociais e técnicas de relaxamento podem auxiliar no manejo da ansiedade gerada pelo transtorno.

Casos graves de transtornos ansiosos necessitarão de medicamentos que bloqueiem a resposta ansiogênica do organismo, auxiliando na diminuição da ansiedade, dos sintomas de medo, das respostas somáticas e relacionadas com o transtorno ansioso. Nessas situações os antidepressivos inibidores seletivos da recaptação de serotonina são as primeiras opções de medicamentos, pelas características de eficácia e segurança para uso pediátrico.

Destaco o trabalho dedicado e especializado de algumas associações de pais e portadores de transtornos ansiosos no Brasil, como a ASTOC (Associação Brasileira da Síndrome de Tourette, Tiques e Transtorno Obsessivo-Compulsivo), que organiza reuniões de apoio e eventos educativos objetivando informar e auxiliar na busca por tratamento e qualidade de vida de pacientes e familiares.

Capítulo 12

TRANSTORNO OBSESSIVO-
-COMPULSIVO

O transtorno obsessivo-compulsivo (TOC) afeta aproximadamente 2% dos adolescentes. Uma vez que a genética é um grande preditor dos transtornos ansiosos, comumente encontramos histórico do transtorno obsessivo-compulsivo ou do transtorno de tiques na família do portador.

O TOC é um transtorno comportamental caracterizado pela presença de obsessões e compulsões. Obsessões são pensamentos persistentes, repetitivos, intrusivos e sem sentido que invadem a cabeça do paciente. A pessoa os reconhece como sem sentido, inadequados ou desnecessários, entretanto não consegue controlá-los. Podem apresentar-se sob a forma de repetição de palavras, frases, pensamentos, medos, números, fotos ou cenas e normalmente estão relacionados com ideias de limpeza, contaminação, segurança, agressão ou sexo.

Compulsões são comportamentos repetitivos (lavar mãos, organizar, verificar) ou atos mentais (rezar, contar, repetir palavras, frases, números) que a pessoa se sente obrigada a executar em resposta a uma obsessão. Os comportamentos compulsivos visam prevenir ou reduzir o sofrimento ou evitar algum evento ou situação temida.

Essas obsessões e as compulsões normalmente consomem tempo (mais de uma hora por dia), interferem significativamente na rotina, no funcionamento social e acadêmico do adolescente e, claro, provocam muito sofrimento.

Pessoas com o TOC podem apresentar obsessões, compulsões ou ambas.

Os sintomas do TOC podem mudar no decorrer do tempo: alguns adolescentes apresentam rituais de checagem ou verificação que meses depois evoluem para rituais de simetria — por exemplo, sapatos precisam estar alinhados milimetricamente no chão, toalhas dobradas simetricamente, canetas alinhadas na mesa.

É muito importante ressaltar que os sintomas não passam sem ajuda profissional e cerca de 50% dos adultos diagnosticados com o transtorno obsessivo-compulsivo tiveram o início dos sintomas ainda na infância ou na adolescência.

Identificando o transtorno obsessivo--compulsivo na escola

- ☐ Dedicação excessiva à organização do material escolar e preocupação com simetria dos pertences
- ☐ Repetição na execução de exercícios e dever de casa
- ☐ Perfeccionismo
- ☐ Diversas leituras do mesmo texto
- ☐ Repetições de perguntas ou dúvidas aos pais ou professores
- ☐ Pedido de repetição
- ☐ Excessivos pedidos de desculpas

- Coleção de objetos inúteis como jornais e revistas velhas ou papéis de bala
- Verificação excessiva de fechaduras, portas, janelas, luzes
- Banhos prolongados e repetidas vezes ao dia
- Lavar mãos ou escovar dentes incessantemente
- Lesões no ânus ou mãos por rituais de lavagem excessiva
- Trocas frequentes de roupa, ocasionando o aumento da quantidade de roupas para lavar
- Gasto excessivo de papel higiênico ou sabonetes
- Entupimentos do vaso sanitário pelo uso excessivo de papel higiênico
- Medo de que algum membro da família possa estar gravemente doente ou contaminado

---

Caso clínico

Nathalia é uma estudante de 13 anos que foi encaminhada para avaliação médica pela psicopedagoga da escola em que estuda, na Barra da Tijuca, Rio de Janeiro.

Segundo relato dos pais, os sintomas iniciaram-se havia pouco mais de seis meses, quando a jovem passou a se preocupar com germes.

"Doutor Gustavo, estou desesperada! A Nathalia nos pergunta mais de cinquenta vezes por dia se está contaminada por germes. Se eu não respondo todas as vezes, ela fica mais ansiosa, mais nervosa. Toma banho a cada duas horas e está com machucados nos dedos dos pés e das mãos de tanto esfregar. As trocas de roupas são frequentes também, mais de trinta peças por dia. Na escola está tudo muito complicado. Ela acha que a carteira e os colegas estão sujos, ninguém pode tocar nela. Por esse motivo, ela se isolou dos amigos, não consegue se concentrar nos estudos. Os pensamentos de contaminação não saem da cabeça, minha filha precisa de ajuda, doutor. Nós não aguentamos mais."

Capítulo 13

TRANSTORNO DE ANSIEDADE GENERALIZADA

O transtorno de ansiedade generalizada (TAG) atinge cerca de 4% dos adolescentes em idade escolar, e as meninas são as mais acometidas pelo problema.

O TAG é caracterizado por uma preocupação anormal e fora de controle, que de tão excessiva chega a atrapalhar a vida. O transtorno está relacionado à apreensão, insegurança, cansaço, fadiga, tensão muscular, distúrbios do sono, dificuldade de concentração e irritabilidade.

MANUAL DA ADOLESCÊNCIA

Adolescentes com transtorno de ansiedade generalizada apresentam grande preocupação com situações futuras, relacionamentos sociais, entre outros. Esses jovens encaram o mundo como uma selva de perigos, supervalorizam situações problemáticas, são pessimistas e parecem estar sempre à espera de eventos catastróficos.

Identificando o transtorno de ansiedade generalizada na escola

- ❏ Preocupação excessiva
- ❏ Dificuldade de controlar o nervosismo
- ❏ Dificuldade nos relacionamentos sociais
- ❏ Prejuízos acadêmicos
- ❏ Sentimentos de apreensão e insegurança
- ❏ Medo
- ❏ Cansaço
- ❏ Tensão muscular
- ❏ Dificuldade de concentração
- ❏ Irritabilidade
- ❏ Preocupação com eventos futuros
- ❏ Preocupação com múltiplos assuntos
- ❏ Supervalorização de situações problemáticas
- ❏ Pessimismo

Caso clínico

Letícia tem 14 anos e estuda em um colégio tradicional de Niterói, Rio de Janeiro. A psicopedagoga escolar encaminhou a jovem devido ao baixo rendimento acadêmico e à dificuldade de relacionamento com os colegas.

Transcrevo um trecho do encaminhamento da psicopedagoga:

"Doutor Gustavo, a nossa estudante Letícia tem nos preocupado devido aos sintomas de ansiedade intensa, o que tem prejudicado seu desempenho acadêmico e social no colégio. Ela é muito ansiosa, insegura, pessimista e está sempre preocupada com alguma coisa.

Nas semanas que antecedem as avaliações bimestrais, ela fica muito irritada, briga com colegas, fica amedrontada, nervosa e cansada. Durante as provas, sua expressão fica tensa, o nervosismo aumenta, e ela chega a chorar.

O que mais nos preocupa é que ela é uma aluna muito responsável, sabe a matéria, mas fica tão nervosa que não consegue prestar atenção às aulas e se sair bem em provas e atividades."

Capítulo 14

TRANSTORNO DE PÂNICO

O transtorno de pânico acomete cerca de 3% dos adolescentes em idade escolar e é caracterizado por crises recorrentes e inesperadas. Os ataques de pânico são períodos de intenso medo ou desconforto acompanhado de sintomas somáticos, como palpitações, sudorese, falta de ar, tremores nas mãos, dores no peito e na barriga. Os pacientes podem também apresentar sensações subjetivas de desconforto e frequentemente relatam medo de estarem morrendo. Esses sintomas duram cerca de trinta minutos e não causam risco de vida.

MANUAL DA ADOLESCÊNCIA

Outra característica que pode acompanhar o transtorno de pânico é a agorafobia, ansiedade de estar em lugares abertos ou cheios de gente. Nessa situação, o jovem teme passar mal e não ter ninguém para socorrê-lo e, portanto, costuma evitar essas situações.

Estudos demonstram que muitos adultos com esse diagnóstico apresentaram seus primeiros ataques de pânico na infância ou adolescência. Nesses casos o diagnóstico precoce poderia ter proporcionado um tratamento com melhores resultados prognósticos.

Identificando o transtorno de pânico na escola

Repetidos ataques de pânico representados por:
- ☐ Intenso medo ou desconforto
- ☐ Palpitações
- ☐ Sudorese
- ☐ Falta de ar
- ☐ Tremores das mãos
- ☐ Dor no peito
- ☐ Dor abdominal
- ☐ Medo de morrer

Caso clínico

Assim começou o atendimento de Henrique, 16 anos, estudante do segundo ano do ensino médio de um colégio em Teresópolis, Região Serrana do Rio de Janeiro:

"Doutor, eu vou morrer, estou ficando louco? Não sei o que causa isso, mas já fui ao cardiologista, e ele disse que não tenho nada! Então, o que é que eu tenho? São seis meses que convivo com essas crises semanais. Estou bem e de repente começo a ficar com o coração acelerado, fico ansioso, nervoso, parece que tem uma bola na minha garganta e que vai me matar sufocado! Fico suado, com falta de ar, começo a tremer, tenho dor de barrida, dor no peito muito forte e fico com medo de morrer! Tudo isso dura uns quarenta minutos e daí vem a pior parte, chego ao hospital, os médicos me colocam um monte de fios no peito, fazem uns exames e dizem que eu não tenho nada!!!"

Capítulo 15

FOBIA SOCIAL

A fobia social ou timidez patológica é uma condição comportamental presente em até 4% dos adolescentes em idade escolar e tem início por volta dos 12 anos de idade. Esse transtorno ansioso provoca no estudante um intenso medo, ansiedade e grande timidez quando ele se expõe a interações sociais.

Na escola, crianças e adolescentes com essa fobia apresentam comportamento antissocial. São muito tímidos e retraídos, dificilmente recorrem aos professores em caso de dúvidas, negam-se a apresentar trabalhos na frente da turma, não participam de trabalhos em grupo ou atividades esportivas e evitam comparecer a festas de aniversário. Fogem, sobretudo, de qualquer interação com o sexo oposto.

O adolescente apresenta medo de ser avaliado, julgado ou ridicularizado por outras pessoas, evitando se tornar o centro das atenções. Seu temor é ser considerado estranho, esquisito e pouco atraente pelas outras pessoas, por exemplo. Há também o receio de dizer algo embaraçoso, por isso evitam falar em público e dialogar com figuras de autoridade, como professores, coordenadores e funcionários, ou com pessoas estranhas. Comer ou escrever na frente de outras pessoas e utilizar o banheiro da escola também lhes causa muita angústia.

Quando expostos a situações sociais, apresentam sintomas somáticos como rubor facial, sudorese, tremor, coração acelerado e nervosismo.

Adolescentes com fobia social apresentam grande dificuldade de se enturmar ou de criar vínculos de amizade. Esses jovens podem iniciar o uso abusivo de bebidas alcoólicas, pois percebem que quando bebem tornam-se menos ansiosos e inseguros. O uso de álcool pode tornar-se cada vez mais frequente, como uma tentativa de "automedicação" contra os sintomas do transtorno, o que pode ser uma armadilha, conduzindo o adolescente a um quadro de alcoolismo.

Identificando a fobia social na escola

- ❑ Medo, ansiedade e grande timidez ao se exporem a situações sociais
- ❑ Comportamento evitativo
- ❑ Não recorrem aos professores em caso de dúvida
- ❑ Se negam a apresentar trabalhos na frente da turma
- ❑ Não participam de trabalhos em grupo ou atividades esportivas
- ❑ Evitam comparecer a festas de aniversário
- ❑ Evitam conversar com outros jovens
- ❑ Poucos amigos

MANUAL DA ADOLESCÊNCIA

- ❏ Medo de serem ridicularizados por outras pessoas
- ❏ Medo de se tornarem o centro das atenções
- ❏ Evitam falar em público
- ❏ Evitam dialogar com figuras de autoridade
- ❏ Dificuldade de comer ou escrever na frente de outras pessoas
- ❏ Quando expostos às situações sociais podem apresentar rubor facial, sudorese, tremor, coração acelerado e nervosismo.
- ❏ Dificuldade de frequentar a escola.
- ❏ Grande dificuldade de se enturmar ou de criar vínculos de amizade

Caso clínico

Paulo é um estudante carioca de 14 anos, que vive com os pais no Recreio dos Bandeirantes. Seus pais procuraram ajuda ao considerarem exagerada a timidez do filho. Na última semana, ele se recusou a apresentar um trabalho na frente da turma e recebeu nota zero da professora de história.

Segundo relato da mãe, Paulinho não tira dúvidas sobre a matéria com o professor e não participa de trabalhos em grupo ou atividades esportivas:

FOBIA SOCIAL

"Ele é muito tímido, doutor. Evita sair de casa, não vai a festas de aniversário e fica ansioso até para falar ao telefone. Paulinho tem poucos amigos, pois sente muita dificuldade de se enturmar, reluta em conversar com outros jovens, nunca namorou e até das primas ele tem vergonha."

Capítulo 16

TRANSTORNO DE AJUSTAMENTO

O transtorno de ajustamento na adolescência pode ser definido como o aparecimento de sintomas emocionais e alterações de comportamento em resposta a um fator estressor específico.

Esses sintomas emocionais e alterações de comportamento costumam aparecer nos primeiros três meses após o início desse fator estressor e podem se manifestar como tristeza, falta de motivação, ansiedade e irritabilidade. Há muito sofrimento, desproporcional à natureza desse estresse.

Quando um adolescente é reprovado de ano na escola, é natural que fique chateado, desmotivado, com a autoestima abalada. Não caracteriza uma condição patológica. Pode ser considerado transtorno de ajustamento se os sintomas frente a um problema como esse forem tão extremos que impeçam o adolescente de se divertir e de seguir com a vida, por exemplo.

Da mesma forma, em caso de morte de um familiar muito querido, é natural que a criança passe pelo luto. Tristeza e choro não significam depressão ou transtorno de ajustamento, a não ser que esteja interferindo ou travando sua vida por tempo demais.

Outras situações que podem causar sofrimento: separação e divórcio dos pais, mudança de residência, crise financeira na família, término de um relacionamento amoroso, bullying na escola.

O transtorno de ajustamento normalmente tem uma duração de até seis meses após o término do estressor. Porém, caso o fator estressor seja crônico, no caso de uma condição médica, por exemplo, como diabetes, epilepsia ou câncer, o problema comportamental pode persistir por mais tempo.

Os estudos científicos indicam uma prevalência de transtornos de ajustamento em 2 a 8% das crianças e adolescentes, e por esse motivo devemos estar atentos aos sintomas.

Identificando o transtorno de ajustamento na escola

- ☐ Sintomas emocionais relacionados com um fator estressor específico
- ☐ Queda abrupta no desempenho escolar
- ☐ Problemas de relacionamento social
- ☐ Brigas no recreio
- ☐ Sofrimento acentuado
- ☐ Ansiedade, irritabilidade, tristeza
- ☐ Falta de motivação
- ☐ Autoestima diminuída

Quais são as causas?

O transtorno de ajustamento está relacionado a um agente estressor específico, mas por que alguns jovens respondem melhor que outros à morte de um familiar querido, ao término de um namoro, à separação conjugal dos pais ou a mudanças de cidades? Por que alguns respondem pior ao estresse, quando comparados com outros?

A resposta está relacionada a fatores genéticos, intrínsecos a cada pessoa, aliada a fatores psicossociais, como o suporte emocional e apoio de pais, cuidadores, amigos, professores, coordenadores pedagógicos e outras pessoas que formam a rede de apoio social desse jovem.

Quando o transtorno de ajustamento está presente, podem aparecer sintomas depressivos, sintomas ansiosos e também de conduta, onde há a presença de comportamento delinquencial, quebra de regras sociais, brigas corporais e furtos, por exemplo.

Devido à presença de sintomas característicos de outras condições comportamentais, como depressão, transtornos de ansiedade, transtorno desafiador opositivo e transtorno de conduta, a avaliação médica comportamental deve ser cuidadosa e criteriosa para não arriscar um diagnóstico errôneo da criança ou do adolescente.

O que fazer?

O tratamento do transtorno de ajustamento deve ser iniciado com um bom trabalho psicoeducativo envolvendo o estudante, seus pais ou responsáveis, escola e demais pessoas ligadas ao adolescente. A formação e a capacitação dessa rede de apoio familiar serão fundamentais para o sucesso no tratamento.

A eliminação do fator estressor, quando possível, será importante, assim como o trabalho com técnicas cognitivo-comportamentais de resolução de problemas e enfrentamento ao agente estressor.

Medicamentos podem ser utilizados em situações específicas, como ferramentas de suporte para o alívio de alguns sintomas, mas têm um caráter coadjuvante na terapêutica dos transtornos de ajustamento, cabendo ao médico julgar a necessidade desse apoio medicamentoso.

Caso clínico

Juliana tem 13 anos e está no oitavo ano do ensino fundamental de um colégio tradicional em Botafogo, Rio de Janeiro. De líder de turma e aluna exemplar, ela passou a apresentar uma queda abrupta em seu desempenho acadêmico no último mês; foi encaminhada três vezes à direção pedagógica do colégio por se envolver em brigas no recreio e por uma tentativa de furto de balas na cantina da escola. Seus pais contam que a menina perdeu um tio muito querido há aproximadamente dois meses, e há vinte dias ela ficou sabendo que seus pais estão se divorciando.

Após avaliação médica comportamental completa, diagnostiquei Juliana com transtorno de ajustamento. Ela iniciou sessões de psicoterapia cognitivo-comportamental, seus pais e coordenadores escolares receberam informação psicoeducacional e foram orientados sobre o problema.

Seis meses após o início da terapêutica, os sintomas regrediram, seu desempenho acadêmico e social melhorou e Juliana recebeu alta do tratamento.

Capítulo 17

ESQUIZOFRENIA DE INÍCIO PRECOCE

A esquizofrenia de início precoce representa uma patologia do comportamento da infância e adolescência de grande gravidade. Por definição, é uma condição comportamental que ocorre antes dos 18 anos em que o jovem apresenta sintomas psicóticos, sofrendo danos graves na cognição, nas relações afetivas e nas interações sociais.

Normalmente o início da esquizofrenia ocorre no final da adolescência e início da vida adulta, entre os 18 e 30 anos. Estatisticamente, 1% da

MANUAL DA ADOLESCÊNCIA

população adulta apresenta esquizofrenia, sendo estimada uma distribuição igual entre os sexos.

A esquizofrenia de início precoce é uma condição comportamental rara, afetando cerca de uma ou duas a cada mil crianças, sendo os meninos duas vezes mais acometidos que as meninas. Essa condição comportamental interfere na capacidade de absorção de novas habilidades e conhecimentos.

Uma das características fundamentais da esquizofrenia são os sintomas psicóticos. Caracteristicamente, psicose é a manifestação de delírios e alucinações. Delírio é uma alteração do conteúdo do pensamento — o jovem perde o juízo de realidade e sua capacidade de distinguir o falso do verdadeiro. Esses pensamentos irreais comprometem a compreensão dos fatos e, consequentemente, a interação do estudante com outras pessoas. Nesse caso, a criança pode apresentar pensamentos bizarros, como acreditar que está sendo perseguida por alguém ou que estão tentando ler sua mente; pode acreditar que se comunica por telepatia ou que a televisão envia informações codificadas para ela.

A alucinação é uma alteração da sensopercepção, isto é, a percepção real de algo inexistente. Tudo que pode ser percebido pelos cinco sentidos (audição, visão, tato, olfato e paladar) pode também ser alucinado, sendo as alucinações auditivas e visuais as mais frequentes. Nesses casos, a criança ou o adolescente escuta ou vê algo que não existe, que não é real.

Identificando a esquizofrenia na escola

- ❑ Alucinações
- ❑ Delírios
- ❑ Embotamento afetivo
- ❑ Empobrecimento da fala
- ❑ Desorganização do pensamento
- ❑ Isolamento social
- ❑ Não olha nos olhos
- ❑ Descuido com higiene pessoal
- ❑ Dificuldade na aprendizagem

Quais são as causas?

A esquizofrenia é uma condição médica importante e tem uma origem neurobiológica. Isso significa que as causas do problema estão relacionadas a alterações cerebrais.

Os estudos científicos evidenciam que alterações genéticas estão associadas a fatores ambientais. Se uma pessoa é portadora de esquizofrenia, a chance de seu filho apresentar o problema é dez vezes maior.

Apesar de haver fortes indícios da origem genética da doença, aspectos ambientais também podem funcionar como gatilhos. Isso é o que a neurociência chama de possibilidades epigenéticas: componentes ambientais influenciando a forma como genes são ativados ou desativados, e determinando a forma como esses genes são expressados no organismo.

Isso significa que crianças que apresentam possíveis alterações de genes ligados à esquizofrenia, quando expostas intensamente a agentes ambientais agressores como uso de drogas, estresse, violência doméstica física e emocional, negligência e pobreza extrema, por exemplo, podem ter esses genes ativados para a doença.

Assim, essa interação entre a genética e agentes estressores ambientais pode desencadear a esquizofrenia, e a manutenção dos agentes estressores pode piorar e agravar os sintomas da doença, interferindo ativamente no curso, prognóstico e gravidade da patologia.

ESQUIZOFRENIA DE INÍCIO PRECOCE

Diversos problemas comportamentais podem simular os sintomas da esquizofrenia — são o que chamamos de diagnóstico diferencial. Alguns exemplos de condições médicas que podem ser confundidas com esquizofrenia: depressão, transtorno bipolar, transtorno psicótico breve, transtorno obsessivo-compulsivo, autismo infantil, uso de drogas e estresse.

A avaliação comportamental, portanto, deve ser muito cuidadosa, pois são inúmeros os diagnósticos diferenciais dessa doença. Além disso, o médico psiquiatra da infância e adolescência deve ser habilidoso para identificar sintomas psicóticos em um paciente tão jovem, visto que a infância é um período propício ao surgimento de pensamentos fantásticos, de imaginação aflorada, amigos imaginários e crenças fantasiosas.

O que fazer?

O tratamento da esquizofrenia de início precoce deve envolver a psicoeducação sobre a doença, medicamentos, psicoterapia familiar e a psicoterapia cognitivo-comportamental.

MANUAL DA ADOLESCÊNCIA

A psicoeducação representa um importante papel de orientação do paciente e de sua família sobre o problema, suas causas, sintomas, consequências e a necessidade de comprometimento de todos com o tratamento. O oferecimento de suporte e apoio emocional é fundamental para o tratamento e deve envolver toda a família. No Brasil existem associações de familiares de apoio aos portadores de esquizofrenia, como a ABRE (Associação Brasileira de Familiares, Amigos e Portadores de Esquizofrenia).

O tratamento medicamentoso será fundamental, e a medicação de escolha são os chamados neurolépticos ou antipsicóticos. O objetivo dos medicamentos será diminuir os sintomas de delírios, alucinações e de embotamento afetivo presentes nesses jovens pacientes.

A psicoterapia familiar e a psicoterapia cognitivo--comportamental serão estratégias fundamentais, podendo envolver técnicas para diminuição da ansiedade, diminuição de possíveis sintomas depressivos e técnicas de resolução de problemas e treinamento em habilidades sociais para a criança ou o adolescente. Todas essas intervenções contribuirão para a melhora na qualidade de vida do paciente e de seus familiares.

148

ESQUIZOFRENIA DE INÍCIO PRECOCE

A escola também poderá ajudar muito na inclusão social e educacional desse estudante, estimulando e motivando a participação nas aulas e nos trabalhos em grupo, protegendo contra bullying, incluindo o estudante em atividades esportivas e nas interações sociais durante o recreio e passeios educativos.

Os estudos apontam que, quanto mais tardio é o início do tratamento, piores serão os sintomas e o prognóstico de evolução do quadro. Portanto palavras-chave no tratamento da esquizofrenia de início precoce serão: precocidade da intervenção! Quanto mais cedo o início do tratamento, melhor.

Infelizmente, a esquizofrenia é uma doença crônica e possivelmente o jovem necessitará de tratamento por toda a vida. Entretanto, intervenções conjuntas incluindo o tratamento médico, tratamento psicológico, o bom envolvimento do jovem, de sua família e de uma rede de apoio social podem garantir uma vida saudável para o paciente e sua família.

Caso clínico

Rodrigo tem 14 anos e, depois que seus pais se separaram, passou a morar com a mãe e uma irmã de 8 anos na Lagoa, Rio de Janeiro. A mãe me procurou após se preocupar com o comportamento estranho do filho nos últimos meses. Rodrigo foi sempre uma criança tímida, com poucos amigos, mas com um bom desempenho escolar.

Há quatro meses passou a isolar-se de todas as crianças no recreio. Seu desempenho acadêmico caiu muito, e ele perdeu o interesse pelo judô e pelo futebol, atividades que praticou por anos com muito entusiasmo. Rodrigo passou a falar repetidas vezes sobre uma vizinha que queria matá-lo porque ele se recusou a contar para ela o "segredo macabro de Harry Potter e o vampiro amaldiçoado de Ipanema". Ele verbalizava constantemente que ouvia a "voz do vampiro Edward" sussurrando em seu ouvido sobre a vida da vizinha.

Rodrigo abandonou hábitos de higiene como escovar os dentes e se recusava a tomar banho, pois dizia que uma magia negra criada pela vizinha iria contaminá-lo para sempre.

O jovem passou por uma avaliação médico-comportamental completa, exames sanguíneos adicionais e uma avaliação escolar complementar. Descartou-se qualquer problema clínico que pudesse justificar os sintomas apresentados, inclusive possível transtorno de humor, e aplicou-se a medicação antipsicótica.

ESQUIZOFRENIA DE INÍCIO PRECOCE

O estudante iniciou sessões de psicoterapia cognitivo-comportamental com treinamento em habilidades sociais; sua família iniciou acompanhamento psicológico com ênfase em orientação psicoeducacional e psicossocial. A escola também foi orientada a incluir social e academicamente o estudante. Vale a pena alertar que o diagnóstico de esquizofrenia de início precoce foi fechado após seis meses de tratamento e acompanhamento da evolução dos sintomas.

Capítulo 18

TRANSTORNOS ALIMENTARES

Os transtornos alimentares são problemas comportamentais frequentes entre adolescentes. Culturalmente somos ensinados que magreza é sinônimo de beleza. Não é difícil encontrar mulheres, adolescentes e até mesmo crianças fazendo dieta para emagrecer.

Esses transtornos são graves e, em alguns casos, até fatais, quando não diagnosticados e tratados adequadamente. Para se ter uma ideia da gravidade, cerca de 10% dos pacientes morrem em decorrência de complicações do distúrbio ou por suicídio.

Os transtornos alimentares apresentam uma incidência de cerca de 1% da população infantojuvenil e, embora os meninos sejam vítimas, em até 90% dos casos esses transtornos afetam meninas e mulheres.

As causas desse problema estão relacionadas a fatores biológicos, psicológicos e ambientais. Comumente, fatores sociais estão relacionados à origem da questão e alguns grupos merecem atenção especial, pois muitas vezes valorizam em excesso o culto à magreza e aparência estética, como é o caso de bailarinas, modelos e atrizes.

O tratamento deve ser realizado por uma equipe multidisciplinar, incluindo médico psiquiatra, clínico geral, psicólogo e nutricionista. Normalmente a intervenção não requer internação hospitalar, a não ser em diagnósticos graves.

Um próximo passo será estabelecer metas para a melhoria nutricional, assim como reorganizar hábitos alimentares saudáveis, livres de comportamentos reprimidos, compulsivos. É aí que entra o trabalho da nutricionista.

Alguns medicamentos podem ser utilizados também com o objetivo de diminuição da ansiedade ou dos sintomas depressivos. A terapia cognitivo-

TRANSTORNOS ALIMENTARES

-comportamental, a terapia familiar e intervenções escolares também devem ser utilizadas.

Neste capítulo darei ênfase na descrição dos dois transtornos alimentares mais prevalentes na adolescência: anorexia nervosa e bulimia nervosa.

Anorexia nervosa

A anorexia nervosa pode ser definida como um transtorno alimentar em que o paciente se recusa a manter o peso corporal na faixa normal mínima, sente um medo absurdo de engordar e passa pela chamada dismorfofobia, uma alteração da percepção da imagem corporal — ou seja, mesmo magro, o paciente se enxerga acima do peso. Outra característica é a amenorreia, interrupção da menstruação por mais de três meses.

Por estarem em fase de crescimento, a perda de peso pode não ser evidente em crianças e adolescentes, ao contrário do ganho de peso.

Um dos critérios utilizados para se determinar o peso mínimo normal de cada pessoa é a utilização de uma fórmula matemática denominada Índice de Massa Corporal (IMC). O IMC é calculado da seguinte forma: peso corporal, em quilogramas, dividido pela altura, em metros, ao quadrado. Valores inferiores a 17,5 kg/m² são considerados abaixo do peso corporal mínimo.

Algumas pacientes podem utilizar técnicas purgativas, induzindo vômito após ingestão de alimentos, ou ainda laxantes, diuréticos e exercícios físicos em excesso. Tudo com a única finalidade de perder peso.

Costumam ter uma preocupação anormal com o valor calórico dos alimentos e recusam-se a comer. Nota-se também uma queda na autoestima e uma imagem distorcida a respeito do problema, além, é claro, de desvalia e tristeza. A presença de transtornos comportamentais associados como depressão e transtornos ansiosos é frequente e pode piorar o prognóstico.

Alguns problemas clínicos graves e potencialmente fatais relacionados à anorexia nervosa são: alterações eletrocardiográficas, perdas ósseas e musculares, carências vitamínicas, anemias, distúrbios hormonais e hidroeletrolíticos (desequilíbrio dos sais minerais do organismo).

Identificando a anorexia nervosa na escola

- ❏ Magreza evidente
- ❏ Pele ressecada
- ❏ Perda de esmalte dentário
- ❏ Utilização de roupas folgadas e sobrepostas
- ❏ Insatisfação constante com a aparência pessoal
- ❏ Preocupações excessivas com valor calórico de alimentos
- ❏ Vômitos após refeições
- ❏ Uso de laxantes, diuréticos e emagrecedores
- ❏ Queixas físicas de cansaço, fraqueza e indisposição
- ❏ Medo de engordar

Caso clínico

Julia, 13 anos, estudante do oitavo ano do ensino fundamental de uma escola na Barra da Tijuca, Rio de Janeiro. Os pais me procuraram preocupados com o peso da filha; identificaram episódios de vômitos induzidos após refeições e dificuldade de alimentação. A jovem se dizia acima do peso. A mãe nota cerca de três episódios diários de vômitos, sempre após as refeições.

> Segundo relato dos pais, os sintomas de Julia se intensificaram no último mês, quando ela foi reprovada em um teste de elenco para uma novela de uma grande emissora de televisão.
>
> Durante a consulta, apesar do calor do verão carioca, Julia estava toda coberta, com roupas largas, como se quisesse esconder o corpo. A pele era muito seca e a perda de esmalte dentário, evidente (causada pelos vômitos diários). Julia apresentava IMC de 16,8kg/m².
>
> "Não preciso de psiquiatra, preciso emagrecer só mais dois quilinhos. Meus pais têm mania de pegar no meu pé. Olhe minha barriga, doutor, gordura localizada, isso só sai com uma lipoescultura e muita dieta."
>
> Os sintomas de anorexia nervosa eram claros, inclusive a negação e a dificuldade de notar o emagrecimento exagerado. A paciente e seus familiares foram orientados sobre a gravidade do problema, combinamos que ela seria acompanhada por uma equipe multidisciplinar, incluindo também um clínico geral, uma nutricionista e uma psicóloga cognitivo-comportamental.

Bulimia nervosa

A bulimia nervosa é definida como um transtorno em que a paciente sofre de compulsão alimentar, faz verdadeiras orgias alimentares, é capaz de se alimentar de uma quantidade absurda de comida em um curto período, e sente-se fora de controle. Em um segundo momento, desenvolve métodos compensatórios para evitar o ganho de peso, que podem ser vômitos, uso de laxantes e exercícios físicos excessivos.

Esse consumo exagerado pode estar relacionado à ansiedade. A compulsão costuma ser seguida de culpa, tristeza, vergonha, medo de engordar, e o arrependimento gera ainda mais ansiedade.

Normalmente os pacientes estão dentro da faixa normal de peso. Muitos portadores de bulimia nervosa podem apresentar transtornos de depressão e de personalidade como o *borderline,* caracterizado por humor, comportamentos e relacionamentos instáveis, instabilidade emocional, sensação de inutilidade, insegurança, impulsividade e relações sociais prejudicadas.

Identificando a bulimia nervosa na escola

- ❑ Compulsão alimentar
- ❑ Arrependimento após alimentação
- ❑ Ansiedade exagerada em relação aos hábitos alimentares
- ❑ Medo de engordar

MANUAL DA ADOLESCÊNCIA

- ❏ Insatisfação com o corpo
- ❏ Preocupações excessivas com valor calórico de alimentos
- ❏ Vômitos após refeições
- ❏ Uso de laxantes, diuréticos e emagrecedores
- ❏ Exercícios físicos vigorosos

Caso clínico

Mariana, 17 anos, cursa a terceira série do ensino médio em um colégio particular de Niterói. A jovem me foi encaminhada por um médico clínico que a atendeu após um incidente na academia. Segundo o que foi investigado, Mariana desmaiou na esteira após correr por duas horas sem se reidratar.

Os pais da adolescente afirmaram que já estavam preocupados. Embora parecesse estar no peso normal, se mostrava sempre insatisfeita e preocupada com o corpo.

Segundo o pai, a menina tinha muitas crises de ansiedade e choro, seguidas do consumo exagerado de comida. No dia do incidente, após uma violenta briga com o namorado, ela comeu uma pizza portuguesa tamanho família sozinha, bebeu um litro de refrigerante e um pote de sorvete inteiro. "Ela se escondeu no banheiro, vomitou e algumas horas depois, trocou de roupa e correu para a academia. Fiquei muito preocupado."

Capítulo 19

BULLYING

mpossível falar de problemas da adolescência sem falar de bullying.

Pode ser definido como o comportamento agressivo entre estudantes envolvendo agressão física, verbal ou moral, de modo repetitivo, sem motivação evidente e executada por um ou vários indivíduos contra outro, em uma relação desigual de poder.

Normalmente o bullying ocorre dentro da escola. O termo em inglês deriva do verbo *to bully*, que significa ameaçar, intimidar e dominar. Não existe uma tradução exata em português.

O bullying entre estudantes é um fenômeno antigo. Provavelmente sempre existiu, entretanto foi a partir dos estudos do pesquisador nórdico Dan Olweus no início da década de 1970 que passou a ser estudado com maior interesse pela comunidade científica internacional. O assuntou começou a ser de conhecimento popular pouco mais de uma década depois, em 1982, após três jovens, de idades entre 10 e 14 anos, cometerem suicídio na Noruega. A notícia chegou a todos os jornais do país, gerando uma grande comoção e culminando em uma campanha nacional de prevenção ao bullying, coordenada pelo Ministério da Educação norueguês nas escolas de ensino fundamental.

Todos nós precisamos entender que o bullying tem a ver com poder. Quando identificamos, por exemplo, uma briga entre dois estudantes e um equilíbrio de forças, isto é, ambos são munidos de capacidades físicas e psicológicas semelhantes e não há uma assimetria nessas relações de poder, não estamos lidando com o bullying.

O comportamento sempre segue um padrão em que um ou mais alunos tentam subjugar e dominar outro. O estudante alvo de bullying pode ser exposto a diferentes formas de agressão, entretanto não é capaz de se defender, e esse desequilíbrio de poder determina a repetição e a manutenção desse comportamento agressivo de estudantes que tentam a todo custo dominar e humilhar.

Quais são as principais características do bullying?

O bullying é um fenômeno que tem sido descrito em escolas de todo o mundo e, infelizmente, é uma experiência comum para crianças e adolescentes. Estudos realizados em diferentes países indicam que mais de 30% de todos os adolescentes são ou já foram vítimas de bullying nas escolas, e pelo menos 10% desses adolescentes são vítimas regulares.

Posso afirmar que o problema está mais perto de nós do que imaginamos. De maneira geral podemos dizer que aproximadamente um em cada três alunos está diretamente envolvido nesse problema, como alvo ou autor. São crianças e adolescentes em idade escolar vivenciando ativamente esse comportamento doentio que machuca e violenta toda uma geração, dia após dia.

Os estudos também identificam os locais onde esses atos agressivos mais ocorrem, e o grande palco dessa tragédia grega é a própria sala de aula, seguido pelo pátio do recreio, além das imediações da escola, durante o período de chegada e saída dos alunos.

Basicamente o bullying pode ser dividido entre quatro categorias: físico, verbal, moral ou psicológico e sexual. A agressão física está relacionada a atos fisicamente violentos como bater, chutar, empurrar, derrubar, ferir e perseguir.

O bullying verbal é caracterizado por xingamentos, ameaças, intimidações e gritos. A violência moral ou psicológica está relacionada a atos violentos que agridem a alma da pessoa. Nesse caso a autoestima da vítima é devastada por ações que visam humilhar, desqualificar, amedrontar e aterrorizar o estudante — por meio de apelidos, ofensas, discriminações, intimidações, gozações e exclusão social.

A quarta categoria de agressões se refere às intimidações de caráter sexual, caracterizadas por insinuações, assédios e tentativas de abusar e violentar a vítima. Nesse tipo de bullying as grandes vítimas são as meninas, que na maioria das vezes convivem com esse tipo de violência também em outros ambientes sociais, como festas, clubes e durante a prática esportiva.

Podemos também classificar o bullying pela forma como as agressões são dirigidas às suas vítimas em duas categorias: o bullying direto e o bullying indireto. No bullying direto presenciamos ataques deliberados, verbais (por meio de xingamentos, ameaças e intimidações) ou físicos (por meio de chutes, socos e empurrões). São os atos mais facilmente identificados e executados, principalmente, pelos meninos.

No bullying indireto presenciamos atos velados, escondidos, onde o agressor ataca sua vítima de forma subliminar. Normalmente esse assédio é executado por meio de difamação, isolamento e exclusão social.

Essas características são marcantes na hora que descrevemos os perfis masculinos e femininos de agressores. Nos meninos, costumamos identificar atos mais agressivos e hostis, prevalecendo a força física e as ações mais diretas e violentas. Por outro lado, as meninas tendem a ser mais indiretas nas agressões, praticando sobretudo atos de exclusão, inventando histórias difamatórias, criando intrigas, espalhando fofocas. Talvez pelos comportamentos mais disfarçados e muitas vezes escondidos, o bullying entre as meninas pode ser mais difícil de identificar e tratar.

Caso clínico

João, 14 anos, foi meu paciente no consultório há pouco mais de três anos. Quando seus pais me procuraram, ele estava apresentando uma série de prejuízos acadêmicos e sociais na escola. Aquele ano estava sendo um período de mudanças na vida do jovem, pois seu pai havia trocado de emprego e isso motivou a mudança do Leblon para a Barra da Tijuca, bairro onde passou a viver com a família.

João foi então matriculado em uma nova escola. Ele, que fora sempre um excelente aluno, iniciou bem o ano letivo em fevereiro, mas começou a ter problemas de relacionamento com um grupo de garotos. João era o único aluno novo na turma de 25 estudantes do sétimo ano do ensino fundamental e passou a ser diariamente ridicularizado e excluído no recreio, sendo chamado de estranho e esquisito pelo grupo de seis *bullies*. Não tardou até sua mãe perceber um grande desinteresse pela nova escola, mas pensando inicialmente se tratar de um período natural de adaptação, apenas contatou a coordenação, que prometeu prestar mais atenção no aluno.

Três meses se passaram e os problemas de João se agravaram. Além das agressões verbais e da exclusão, começaram também empurrões e pontapés. Foi nessa época que a mãe de João descobriu que algo de muito errado estava ocorrendo com seu filho. Conversando com a mãe de outro aluno, descobriu que João estava sendo agredido diariamente no recreio. Procurou a escola, mas a coordenação não deu importância para as queixas, afirmando que esse tipo de comportamento era normal naquela idade e que tudo passaria com o tempo, pois João era um aluno novo na turma.

Quando conheci o garoto ficaram claros os prejuízos emocionais e acadêmicos que ele estava enfrentando, já que ele se mostrava desmotivado, triste e com medo de ir à escola.

Fiz inúmeros contatos com a instituição de ensino, oferecendo auxílio, sugerindo intervenções escolares de orientação e prevenção ao bullying, entretanto a direção se mostrou descrente quanto ao problema. As aulas prosseguiram e a violência escolar aumentou ainda mais, pois agora os *bullies* acusavam João de ser "dedo-duro" e o chamavam de "mulherzinha".

Em completa negação e demonstrando notória incapacidade de agir contra essa grave questão que colocava em risco a saúde e a aprendizagem de João, foi tomada a decisão extrema de retirá-lo da escola. Hoje, o jovem está feliz em seu novo colégio, tirando boas notas, bem aceito pelos colegas de classe e com muitos amigos na sala de aula.

Capítulo 20

AGRESSORES, ALVOS E TESTEMUNHAS

AGRESSORES OU *BULLIES*

O estudo sobre bullying nos permite identificar perfis psicológicos de cada personagem dessa triste história. Os autores de bullying, também chamados de *bullies* ou agressores, demonstram características peculiares de comportamento como agressividade e impulsividade maiores que a maioria dos estudantes e um desejo de dominar, humilhar e subjugar outros alunos. São fisicamente mais fortes, e suas posturas de confronto e desafio podem ser também identificadas contra pais, professores e adultos de uma forma geral.

Os *bullies* se julgam superiores aos demais e, ao contrário do senso comum, não têm baixa autoestima, normalmente são muito autoconfiantes e populares. São também mais habilidosos socialmente, mais extrovertidos, têm maior poder de liderança e de manipulação.

Os agressores mantêm seu status social à custa da violência e da opressão de suas vítimas e se sentem mais poderosos cada vez que agridem e maltratam outros estudantes. Como a covardia é outra marca dos *bullies*, não costumam agir sozinhos, sendo seguidos por dois ou mais alunos que reforçam a noção de grupo, utilizando-se disso para impor mais medo e insegurança aos alvos da violência.

Outra característica fundamental e que ajuda na manutenção desse problema é que os *bullies* acreditam que nunca serão punidos por seus atos, e isso é algo a que professores, diretores e coordenadores pedagógicos devem estar atentos. Uma vez que esses agressores acreditam que, por piores que sejam suas atitudes, nunca serão punidos,

AGRESSORES, ALVOS E TESTEMUNHAS

perpetuam suas agressões e humilhações. Portanto, quando adentrarmos no nosso programa antibullying, uma ação muito importante a ser trabalhada será mostrar que atos de bullying não serão tolerados na escola e que todo comportamento agressivo terá consequência.

Existe um desejo pelo domínio dos outros alunos, uma necessidade de poder e afirmação pela violência física, verbal ou moral. Em alguns casos o *bully* utiliza de sua força e poder para extorquir dinheiro, roubar o lanche ou conseguir respostas do dever de casa.

A somatória das características do *bully* ou agressor facilmente identifica um perfil opositivo e desafiador característico de dois transtornos comportamentais da infância e adolescência e que podem estar presentes: o transtorno desafiador opositivo e o transtorno de conduta.

Vítima ou alvo

Normalmente são crianças tímidas, retraídas, introspectivas, fisicamente mais fracas, menores e mais jovens que os agressores. Esses alunos têm poucos amigos e parecem solitários, passando a maior parte do tempo sozinhos e isolados no recreio. Outra característica comumente observada é que eles apresentam um rendimento pior nos estudos e não se dão bem nos esportes. A incapacidade de se defender das agressões e a recusa em solicitar ajuda por medo de seus agressores ou por acreditar na impunidade dos atos de violência ajudam na manutenção do problema. Esse é um padrão que costumamos encontrar na maioria das vezes, mas pode ser que as características variem em cada caso.

Lembro-me muito bem de um caso, anos atrás, que foge a essa regra. Guilherme tinha 13 anos, estava no oitavo ano do ensino fundamental e era sempre agredido verbalmente por seus colegas por ser um excelente aluno. Sempre tirava as melhores notas da turma, era elogiado pelos professores e acabou se tornando alvo das agressões por um grupo de quatro alunos repetentes e que invejavam seu bom desempenho acadêmico.

De forma geral, podemos afirmar que o *bully* estará à procura de uma possível vulnerabilidade na vítima. Seguindo esse pensamento, alunos novos, vindos de outras localidades e de diferentes religiões também são alvos comuns.

A vítima pode responder ao agressor por meio do choro, no caso das crianças pequenas, ou adotando uma postura passiva e permissiva no caso de adolescentes. De forma geral, esse comportamento passivo pode ser encarado como um sinal aos autores de bullying de que esses estudantes serão alvos fáceis e que não haverá retaliações.

Seguindo esse pensamento, podemos concluir também que a maneira como a vítima reage às agressões poderá determinar se o assédio continuará ou cessará. Por exemplo, aquela criança que consegue se impor e confrontar verbalmente o autor em uma igualdade de poder dificilmente será incomodada novamente; entretanto, se a criança alvo das ofensas começa a chorar, fica com raiva, demonstra fraqueza ou se mostra intimidada e humilhada, terá uma chance maior de continuar a ser agredida pelo *bully* no futuro.

Observe o exemplo a seguir:

> ## Caso clínico
> ## Bullying no jardim da infância
>
> O pequeno Marcio é um *bully* de 6 anos que adora derrubar os brinquedos e atrapalhar os jogos de seus coleguinhas de turma. Quando isso ocorre, Artur começa a chorar, enquanto Pedrinho costuma encarar o agressor e repetir em voz alta: "Não pode fazer isso, Marcio!"
>
> Marcio normalmente evita atrapalhar as brincadeiras de Pedrinho e insiste em atacar Artur.

Vítima pura e vítima provocadora

Dois tipos de vítimas também podem ser identificados: a vítima pura e a vítima provocadora. A vítima pura seria o estudante que não faz nada para se tornar o alvo, ele é escolhido pelo *bully*. São escolhidos pelos agressores por atributos físicos ou pela linguagem corporal, isto é, o agressor consegue identificar sinais que mostram uma criança ou adolescente mais ansioso e com autoestima baixa, por exemplo. Essa vítima pode também ser portadora de um problema físico, mental ou de aprendizagem.

A vítima provocadora é aquele estudante que deliberadamente provoca e irrita seus colegas de sala de aula, despertando o desejo de ataque dos *bullies*. Apesar da postura mais submissa da maioria dos alvos de bullying, os que são considerados vítimas provocadoras têm um perfil mais ansioso e explosivo. Eles apresentam uma reação agressiva frente aos assédios que sofrem e a irritabilidade demonstrada frente às agressões sofridas é encarada como um convite aos agressores para continuar com o bullying.

Testemunhas

As testemunhas são os alunos que não se enquadram nem entre os autores, nem entre os alvos do bullying, mas que convivem diariamente com o medo de se tornarem a próxima vítima. Uma vez que os índices estimados de agressores e vítimas de bullying giram em torno de 30% dos estudantes, podemos concluir que as testemunhas representam a grande maioria de alunos que convivem como espectadores de toda essa violência na escola.

Muitas vezes esses alunos demonstram grande ansiedade, preocupações e angústias e podem se

MANUAL DA ADOLESCÊNCIA

sentir intimidados ao fazer perguntas e tirar dúvidas com os professores por medo de chamar atenção. Até mesmo a participação em eventos sociais escolares como festas, reuniões e jogos esportivos pode ser comprometida. Para esses alunos, a escola deixa de ser um ambiente seguro e acolhedor, tornando-se um local hostil, perigoso, violento e inseguro. Em alguns casos, quadros de fobia escolar são desencadeados e os estudantes podem demonstrar sintomas de grande ansiedade e medo no momento de ir à escola.

As testemunhas do bullying apresentam muita dificuldade de se posicionar e de defender um colega que esteja sofrendo agressões, e esse silêncio permite que os *bullies* continuem agindo de maneira hostil contra suas vítimas. Na mente dos agressores, esse comportamento passivo das testemunhas é encarado como se estivessem legitimando as agressões, já que nada fazem para impedi-las. Para as vítimas, essa passividade é entendida como: "Ninguém me ajuda, estão todos contra mim."

Caso clínico

Vinícius é um paciente de 10 anos que acompanho no consultório e que cursa o quinto ano do ensino fundamental. Sua mãe me procurou a pedido da coordenação pedagógica devido à sua agressividade contra outro aluno e ao comportamento desafiador com a professora. Vinícius é portador do transtorno desafiador opositivo, um problema de comportamento caracterizado por sintomas de oposição às regras, desafio às figuras de autoridade, desobediência, baixa tolerância para frustração e muita impulsividade. Durante os últimos meses a professora de Vinícius percebeu um comportamento perverso, sádico contra um colega de sala, Felipe, portador da síndrome de Asperger, um tipo de autismo infantil caracterizado sobretudo por dificuldade de interação social. Felipe sofria constantes agressões verbais de Vinícius, sendo chamado de "retardado", e também era violentamente chutado no recreio. Vinícius se referia a Felipe como "aquele garoto esquisito" e sempre que tinha oportunidade agredia Felipe com socos, chutes e empurrões.

A coordenadora pedagógica me informou também que apesar do bullying de Vinícius ser direcionado especificamente para Felipe, outras três crianças da turma estavam constantemente chorando durante o recreio e procurando a companhia da professora com muita ansiedade e medo do comportamento perverso e hostil do aluno contra Felipe.

Capítulo 21

CYBERBULLYING

Nos últimos anos, a facilidade com que jovens se comunicam pela internet tem ajudado na popularização de um novo fenômeno: o cyberbullying. Trata-se da versão on-line dessa violência escolar e que adquire uma distribuição epidêmica a cada dia que passa, acompanhando o crescente interesse de crianças e adolescentes pelo mundo virtual, se transformando em uma das formas potencialmente mais perigosas e traiçoeiras de violência na escola.

Esses atos de bullying realizados pela internet têm ainda um caráter mais perverso, covarde e que torna o cyberbullying uma ferramenta muito poderosa para aterrorizar outros estudantes. Trata-se do anonimato: é possível se esconder atrás de perfis falsos ou de mecanismos que escondam sua identidade.

Além disso, o anonimato das agressões abre um leque de possíveis autores de bullying, pois permite que um número maior de jovens se tornem agressores. Adolescentes que não conseguiriam realizar tais atos na vida real, enfrentando deliberadamente seus alvos, conseguem agredir e ofender, protegidos por um computador conectado à internet e mascarados pelos chamados perfis fakes. Por esse motivo, o cyberbullying tem se popularizado muito no sexo feminino.

Um recente estudo publicado na revista médica *Pediatrics* revelou que o bullying realizado pela internet entre adolescentes e pré-adolescentes cresceu cerca de 50% em apenas cinco anos. Outro estudo recente publicado por uma organização não governamental inglesa de proteção à infância e adolescência descreve que um em cada quatro jovens é vítima de cyberbullying regularmente.

Pais, professores e demais profissionais da educação devem aprimorar seus conhecimentos sobre os recursos de computação e internet, a fim de aprender sobre as diversas possibilidades de violência no mundo virtual. Isso permitirá orientar melhor nossos filhos e alunos sobre as formas corretas de se comunicar e de se proteger no computador.

As consequências aos alvos do cyberbullying são devastadoras, pois rumores, boatos e todo o tipo de agressão disseminada nas redes por meio de textos, fotos e vídeos são capazes de alcançar um grande número de pessoas em questão de segundos.

Tipos de cyberbullying

Descrevo abaixo os principais tipos de cyberbullying para que pais, responsáveis, professores e coordenadores pedagógicos tenham conhecimento dos métodos cada vez mais elaborados de agressão e violência executados por crianças e adolescentes contra outros estudantes.

Bullying direto: uma das formas mais comuns de cyberbullying é a agressão direta. O autor envia ameaças e xingamentos diretamente, por meio de

MANUAL DA ADOLESCÊNCIA

chats, e-mails, mensagens de texto e no perfil do Facebook ou Instagram.

Criação de sites: hoje em dia é muito fácil criar um site. Alguns provedores de internet até disponibilizam áreas livres para isso. Tais páginas viram ferramentas para agredir, ofender, humilhar e difamar vítimas.

Impersonalização: quando uma pessoa se passa por outra na internet, por meio da invasão de contas pessoais, perfis em sites de relacionamento ou criação de fakes. O cyberbully enviará ofensas a terceiros em nome da vítima. O objetivo do agressor é atingi-la indiretamente, provocando a ira de terceiros contra o suposto autor das mensagens.

Fórum de discussões: *blogs*, *vlogs*, sites de relacionamento e páginas na internet podem ser utilizados como fórum de discussões sobre os mais diversos assuntos, e a vítima pode se tornar o assunto da vez nesses espaços. Daí surgem críticas, ataques, fofocas e difamação. Existem fóruns para eleger o aluno mais feio da escola, o mais chato ou odiado, a mais promíscua e por aí vai. O conteúdo publicado pode ser lido por todos, inclusive pelos alvos do cyberbullying.

Postagem de vídeos e fotos: nessa modalidade de cyberbullying, são divulgados vídeos, fotos e até montagens indevidas, difamatórias ou íntimas de meninos e meninas, podendo ser vinculadas a textos e áudios. A divulgação normalmente ocorre por Whatsapp, e-mail, Instagram, Facebook, e chega aos mais diversos internautas em um piscar de olhos. Muitas vezes, esse tipo de violência é cometido por rapazes na intenção de humilhar uma ex-namorada após o término de um relacionamento. São chamados de *revenge porn*.

Outro tipo comum de postagem são vídeos de ataques físicos ou brigas.

Antes de terminar este capítulo, eu gostaria de alertar para um posicionamento errado de muitas instituições de ensino quando o tema é cyberbullying. Por diversas vezes vi escolas e professores se isentando da responsabilidade sobre crimes que acontecem na internet envolvendo seus alunos. Mas não é bem assim; na verdade todas as questões e os problemas relacionados ao cyberbullying são responsabilidade da sociedade como um todo. A internet será apenas o veículo do ataque, mas todo o contexto da agressão surge no ambiente escolar. Dessa forma, não existem barreiras territoriais — o cyberbullying agride, maltrata e expõe suas vítimas na escola, no clube, na festa ou em qualquer outro ambiente.

Caso clínico

Fabiana tem 15 anos e cursa o nono ano de um colégio tradicional do Rio de Janeiro. Ela era considerada uma aluna de desempenho mediano e com muitas amigas. A família da estudante ficou assustada quando uma série de e-mails prejudicando a imagem dela passou a ser enviado a praticamente todos os alunos do colégio. Fabiana estava sendo chamada de "a piranha do nono ano", tendo inclusive sua foto exposta em uma página de relacionamento social em que supostamente convidava alunos do colégio para relações sexuais.

Seus pais ficaram chocados quando tudo pareceu desmoronar na cabeça da jovem, pega de surpresa também. Desse dia em diante, Fabiana passou a ser excluída pelas amigas e se transformou em motivo de piada para quase todos os alunos.

A coordenação do colégio tomou conhecimento do fato e tentou acolher a estudante e sua família, encaminhando para a psicóloga da instituição de ensino e iniciando também um trabalho para identificar o autor das agressões cibernéticas.

Depois de muito investigar, foi descoberto que a autoria dos e-mails e da página no site de relacionamento havia sido de uma "amiga" muito próxima de Fabiana. A autora do cyberbullying confessou que fez tudo, pois nas férias Fabiana havia se envolvido com um terceiro aluno por quem a agressora era apaixonada; a humilhação foi motivada por vingança.

Capítulo 22

QUAIS SÃO AS CAUSAS DO BULLYING?

Existe um consenso de que métodos parentais de criação — isto é, a forma como os pais educam seus filhos — podem desencadear atitudes violentas na escola. Dessa forma, crianças que habitam lares desestruturados, convivem com pais hostis, agressivos e sem laços afetivos harmoniosos têm uma chance maior de desenvolver condutas também agressivas na escola.

Trata-se de um modelo de aprendizagem por espelhamento em que a criança convive diariamente

MANUAL DA ADOLESCÊNCIA

com pais pouco afetuosos e que demonstram um padrão de comportamento que preza a violência e a agressividade como estratégias de resolução de problemas. Se tudo em casa é resolvido com brigas, não há diálogo e falta equilíbrio emocional na tomada de decisões, e um dos pais sempre "ganha" as discussões, maltrata ou sobrepuja o outro, impondo sua supremacia pela força.

Soma-se a esse padrão parental agressivo a falta de afeto, de diálogo e a aplicação de punições físicas contra o filho ou a filha. Estudos revelam que a máxima "violência gera violência" é verdadeiramente um fator colaborador ao desenvolvimento do bullying. A criança vai reproduzir no colégio o que vive em casa.

Outro padrão familiar que colabora para o desenvolvimento de atitudes agressivas na infância é a falta de limites e a permissividade dos pais com os comportamentos hostis dos filhos. A dificuldade que muitos pais têm de impor regras e disciplina pode criar crianças mimadas, opositivas, desafiadoras e desobedientes que podem levar isso para o ambiente escolar.

O temperamento e a personalidade da criança também influenciam: muitas características e traços emocionais são definidos geneticamente, e algumas crianças são naturalmente mais impulsivas, agressivas e hostis.

Caso clínico

Paulinho tem 16 anos, estuda no segundo ano do ensino médio de um colégio em Botafogo, Zona Sul do Rio de Janeiro, e mora com os pais e as duas irmãs mais novas em Copacabana. Sua mãe procurou minha ajuda após a quarta suspensão escolar devido ao comportamento agressivo.

Na última semana ele bateu em dois alunos do fundamental, roubou dinheiro da mochila deles e os trancou no banheiro por quase duas horas, até que foram encontrados chorando por um inspetor. Consta também que esses dois estudantes são vítimas regulares das agressões e perseguições de Paulinho.

A coordenadora pedagógica suspeita de que Paulinho seja agredido fisicamente pelo pai, pois o jovem sempre aparece com hematomas, e, quando questionado sobre os motivos da violência com os outros colegas de escola, afirma:

"Homem que é homem tem que aprender a bater e a apanhar sem chorar. Meu pai fala que 'fracote' tem que apanhar mesmo! A vida é assim!"

A coordenadora também relata que seus pais sempre ficam em negação quanto aos problemas disciplinares do filho e minimizam as suas atitudes. Na última semana a mãe confessou para uma das professoras que o pai bate muito no menino quando bebe e que o casal está em crise conjugal há mais de um ano.

Capítulo 23

QUAIS SÃO AS CONSEQUÊNCIAS DO BULLYING?

O bullying tem consequências devastadoras. As vítimas experimentam grande sofrimento psicológico, que pode interferir intensamente no desenvolvimento social, emocional e escolar.

Estudos científicos evidenciam que, devido à série de violências sofridas repetidamente por esses alunos, os prejuízos a longo prazo podem ser irreparáveis. Vítimas de bullying apresentam níveis de estresse altíssimos, o que pode causar a reprovação,

MANUAL DA ADOLESCÊNCIA

perda de interesse pelos estudos, mudanças sucessivas de escolas como forma de escapar das agressões e até o abandono da vida escolar. Isso mesmo: jovens estão deixando de estudar, abrindo mão de um futuro promissor, pois não se sentem seguros dentro de sala de aula.

Esses adolescentes costumam ter menos amigos e sofrem de insônia, problemas de autoestima, depressão e transtornos ansiosos como a fobia escolar, caracterizada por um medo exagerado de frequentar a escola.

O bullying também ocasiona índices elevados de pensamentos de morte e ideação suicida, principalmente quando já existe um quadro depressivo.

Para o agressor, as consequências são devastadoras também. Identificamos que esses estudantes estão mais propensos a se tornarem dependentes químicos, a se envolverem em brigas e atividades criminosas, problemas com a justiça e atos delinquenciais, como furtos, porte ilegal de armas e destruição de patrimônio público.

Outro dado importante é que esse padrão agressivo de comportamento demonstrado no colégio tende a se repetir na faculdade, no ambiente de trabalho e na vida adulta de forma geral. Pais agres-

QUAIS SÃO AS CONSEQUÊNCIAS DO BULLYING?

sivos, violentos e que foram *bullies* na infância ou adolescência têm muitas chances de submeter os próprios filhos a abuso físico e psicológico, repetindo o ciclo.

Tais exemplos reforçam a ideia de que o bullying está muito presente em nosso dia a dia, e o sofrimento causado por ele pode resultar em consequências fatais. É importante ressaltar que a ira dos jovens citados nos capítulos anteriores não se restringiu a seus agressores e sim a todos os alunos e professores, que sendo testemunhas dos atos nunca intervieram contra esse tipo de violência.

Débora era uma jovem de 15 anos, estudante do primeiro ano do ensino médio e morava com os pais em Niterói. Típica adolescente, era fã de *boy bands* e passava as tardes escutando música, lendo sobre seus ídolos na internet e recortando fotos de revistas para colar na agenda.

Tudo parecia normal na vida dela, não fossem as violentas agressões que vinha sofrendo na escola nos últimos meses. Um grupo de cinco meninas, lideradas por Angélica, uma das alunas mais populares, passou a excluí-la no recreio. Diziam que Débora era muito infantil, que seu corpo era de criança e que ainda não tinha beijado na boca.

A crueldade era tamanha que, na festa de 15 anos de uma das colegas de turma, Angélica pegou o microfone do DJ e falou em voz alta no momento em que Débora tentava se enturmar com um grupo de meninos:

"Gente, alguém quer fazer a boa ação da noite e beijar a boca virgem da Débora, coitadinha... a magrela tá carente e precisando de um macho."

Uma gargalhada coletiva tomou conta do salão de festas, que contava com a presença de um grande número de adolescentes da escola. Como reunir forças e se defender de uma situação como essa?

A agressão coletiva atingiu a alma da estudante, que saiu correndo da festa e nunca mais foi vista pelos colegas. Horas mais tarde, seus pais receberam uma ligação que jamais desejaram receber e que nunca mais esquecerão: um policial solicitava o comparecimento dos responsáveis a um cruzamento de uma importante avenida da cidade.

Segundo relatos de testemunhas, sem conter um choro intenso e após caminhar durante quase uma hora pelas ruas de Icaraí, a jovem se arremessou contra um ônibus que vinha em alta velocidade. Débora morreu na hora.

Consequências aos alvos

- ❑ Desinteresse pelos estudos
- ❑ Prejuízos acadêmicos
- ❑ Reprovação escolar
- ❑ Mudanças sucessivas de escolas
- ❑ Abandono escolar
- ❑ Estresse
- ❑ Insegurança
- ❑ Medo
- ❑ Problemas de autoestima
- ❑ Isolamento social
- ❑ Insônia
- ❑ Ansiedade
- ❑ Fobia escolar
- ❑ Depressão
- ❑ Suicídio

Consequências aos *bullies*

- ❑ Uso abusivo de álcool e outras drogas
- ❑ Maior envolvimento em brigas corporais

MANUAL DA ADOLESCÊNCIA

- ❑ Criminalidade
- ❑ Porte de armas
- ❑ Problemas com a justiça
- ❑ Atos delinquenciais
- ❑ Furtos
- ❑ Agressões
- ❑ Destruição de patrimônio público
- ❑ Repetição do padrão de comportamento na faculdade e no trabalho

SINAIS DE ALERTA: Quando suspeitar que um aluno está sendo alvo de bullying?

Saber identificar crianças e adolescentes vítimas de bullying ou sob ameaça é muito importante para um trabalho preventivo e de intervenção na escola. Para tal, descrevo um guia de identificação de possíveis alvos de bullying com base nos meus pacientes e a partir das observações do pesquisador norueguês Dan Olweus.

Se seu filho ou aluno apresenta alguma dessas características, não significa necessariamente que ele esteja envolvido com bullying, entretanto

QUAIS SÃO AS CONSEQUÊNCIAS DO BULLYING?

demonstra um perfil comportamental que merece atenção.

Vamos às pistas:

- ❑ Leva poucos amigos em casa
- ❑ Passa o recreio sozinho
- ❑ Não tem um melhor amigo
- ❑ Chega em casa chorando, sem explicar o motivo
- ❑ Sente medo de ir à escola
- ❑ Chega em casa com o material escolar rasgado ou destruído
- ❑ Tem o dinheiro ou outros pertences pessoais roubados várias vezes
- ❑ Evita atividades escolares como grupos de estudo, passeios ou atividades esportivas
- ❑ É xingado, ridicularizado ou recebe apelidos pejorativos dos colegas de sala
- ❑ É intimidado, humilhado ou ameaçado por colegas de sala
- ❑ Apresenta machucados, arranhões, roupas rasgadas, manchadas de giz ou riscadas de caneta constantemente

MANUAL DA ADOLESCÊNCIA

- ❏ É agredido fisicamente e não consegue se defender.
- ❏ Está sempre se envolvendo em brigas
- ❏ É excluído das brincadeiras ou dos esportes
- ❏ Normalmente é o último a ser escolhido nos times da educação física
- ❏ Apresenta queda no rendimento acadêmico
- ❏ Parece estar sempre infeliz, triste e desmotivado na escola
- ❏ Fica inseguro momentos antes de ir para a escola
- ❏ Prefere a companhia de adultos no recreio
- ❏ Mostra-se inseguro ou ansioso em sala de aula
- ❏ Diz preferir ficar sozinho na escola, sem uma explicação convincente
- ❏ Não é convidado para festas de aniversário de colegas da escola
- ❏ Nunca vai à casa de colegas de escola
- ❏ Não quer festa de aniversário com medo de que ninguém compareça
- ❏ Dorme mal e tem pesadelos com o colégio
- ❏ Desinteresse pelos estudos

QUAIS SÃO AS CONSEQUÊNCIAS DO BULLYING?

- ☐ Deseja mudar de escola sem apresentar um motivo plausível
- ☐ Apresenta queixas físicas como dores de cabeça, enjoos ou indisposição momentos antes de ir para a escola
- ☐ Faz cada dia um caminho diferente para a escola, como se estivesse fugindo ou evitando alguém

Caso clínico

O caso da jovem Fernanda, 13 anos e moradora da Tijuca, bairro da Zona Norte do Rio de Janeiro, ilustra quanto é importante a participação de pais e da escola na identificação e intervenção precoce nos casos de bullying.

Segundo o relato dos pais, Fernanda sempre foi uma excelente aluna, tinha um bom relacionamento com os colegas, demonstrava muita alegria em relação ao colégio, sempre contando as novidades para os pais sobre as atividades escolares e sobre as amigas.

Entretanto, nos últimos meses seus pais perceberam uma mudança brusca de comportamento. Quando o ônibus da escola chegava para buscá-la, a menina ficava triste, sem ânimo, insegura. Outro grande sinal de alerta foi a queda no rendimento escolar e as notas baixas, que até então nunca haviam ocorrido.

MANUAL DA ADOLESCÊNCIA

Os pais de Fernanda foram muito habilidosos no manejo da situação. Durante um jantar conversaram com a filha sobre sua mudança de comportamento e perguntaram o que estava acontecendo. O diálogo e o acolhimento foram estratégias fundamentais para que Fernanda se sentisse à vontade para conversar com os pais sobre as humilhações que vinha sofrendo.

Ela contou que estava sendo perseguida por três meninos mais velhos durante o recreio há mais de dois meses:

"Eles me chamam de gorda nariguda, me chutam e dão tapas na cabeça!"

Os pais de Fernanda entraram em contato com a escola, que agiu depressa, identificando os agressores e chamando os responsáveis para uma conversa. Foi constatado que Fernanda estava ficando muito ansiosa e insegura durante as aulas. Sua dificuldade em lidar com essa situação de violência se refletiu na sua rotina, pois ela vivia com medo das ameaças e das agressões verbais e físicas.

Capítulo 24

PREVENÇÃO NA ESCOLA E O PROGRAMA ANTIBULLYING

Esse programa antibullying é baseado em extensa pesquisa que realizei a partir de projetos utilizados com muito sucesso em diversos países do mundo, no estudo que desenvolvo com meus alunos de mestrado na Bridgewater State University, além de anos de experiência adquiridos no consultório e em consultorias para escolas em todo Brasil.

O objetivo do programa antibullying é aumentar o conhecimento, alertando e capacitando pais, professores, coordenadores pedagógicos, demais profissionais da educação e toda a sociedade sobre o bullying e a violência escolar. Além disso, visa prevenir o surgimento de novos casos e tratar os já existentes na instituição de ensino.

Outra questão fundamental do programa é a busca pela melhoria das relações sociais entre os jovens, utilizando-se de conceitos de ética e moral para ajudar no desenvolvimento de um ambiente escolar saudável, seguro e acolhedor para todos. Isso tudo estimulará uma cultura pacifista na escola e na vida de forma geral.

Divido este programa antibullying em vinte itens essenciais que devem ser implantados nas instituições de ensino para conseguirmos efetivamente combater o bullying escolar. Gostaria de lembrar a todos que o programa tem data de início, mas não de término. Esse projeto de combate ao comportamento agressivo entre estudantes deve ser incorporado ao dia a dia de forma contínua na vida acadêmica de alunos, professores, pais e profissionais da educação. Isso significa que uma implantação do projeto com duração limitada de um ou dois meses, por exemplo, não surtirá efeito algum.

Psicoeducação

O primeiro passo para se obter sucesso na implantação de um programa antibullying na escola é o trabalho psicoeducativo, que consiste em oferecer informação sobre o comportamento bullying aos pais, professores e demais profissionais da escola, incluindo todos os funcionários, como pessoal da limpeza, da segurança, da cantina, entre outros.

Pode ser realizado por meio de palestras, cursos, encontros de pais e mestres, reuniões e debates. A ideia principal é contextualizar e familiarizar a todos sobre o problema, explicando o que é, as principais características, causas e consequências de curto, médio e longo prazo, enfatizando os possíveis prejuízos acadêmicos, sociais e de autoestima das vítimas.

Materiais informativos sobre o bullying devem ser repassados, como livros, guias, folhetos e cartilhas Recursos audiovisuais, como filmes, vídeos, documentários e sites sobre esse tema podem ser indicados também.

Palestra inicial aos pais e professores

Uma vez definida a data de início do programa, uma boa estratégia será oferecer uma palestra psicoeducativa introdutória aos pais, responsáveis, professores e demais profissionais da escola. Durante a palestra devem ser explicados todas as etapas e o processo de aplicação do projeto na escola, e a participação de todos será fundamental. Todos devem se sentir à vontade para fazer perguntas, tirar dúvidas, dividir experiências e sugestões com toda a equipe pedagógica. Ao término da palestra os participantes devem sair com algum grau de conhecimento sobre o tema e compromissados com o programa.

Palestra inicial aos alunos

Obviamente será necessário que os alunos recebam muitas informações também. A escola precisa se colocar como parceira e companheira de seus estudantes na busca por um ambiente seguro, pacífico e livre de violência.

Uma dica eficiente é realizar uma palestra inicial separando os alunos por turmas. A apresentação para um número reduzido de estudantes aumenta o interesse e a interação deles.

Projeto mentor

O projeto mentor é uma estratégia de psicoeducação em que os alunos mais velhos são treinados por um professor sobre o bullying. Posteriormente esses alunos vão até as salas de aula de crianças mais novas e oferecem palestras para ensiná-las sobre a violência escolar e orientá-las sobre as estratégias de combate desse problema.

Reuniões de professores e coordenação

Professores e coordenadores pedagógicos devem se reunir periodicamente para discutir a evolução do programa antibullying. Em muitas escolas o corpo docente costuma se reunir semanalmente para repassar aspectos pedagógicos. Minha sugestão é

MANUAL DA ADOLESCÊNCIA

reservar alguns minutos dessa reunião semanal para debater sobre as políticas antibullying implantadas, seus resultados, problemas enfrentados, possíveis soluções e novas estratégias a serem desenvolvidas. Representantes de turma podem ser convidados para discutir o problema e ajudar na busca por soluções.

Disciplina de ética e problemas sociais

Vivenciei uma experiência interessante no colégio em que estudei nos Estados Unidos há mais de vinte anos. A disciplina se chamava "problemas sociais", e o objetivo era debater e orientar os alunos sobre problemas do nosso cotidiano — como drogas, sexo, gravidez na adolescência, violência, criminalidade, ética e bullying.

Cada vez mais tenho a convicção de que para termos sucesso na aplicação de um programa antibullying teremos que criar estratégias de diálogo com o jovem, falar e ouvir. Assim, poderemos discutir, orientar e buscar saídas por meio da troca de informações, pois muitas vezes de-

PREVENÇÃO NA ESCOLA E O PROGRAMA ANTIBULLYING

terminada estratégia antibullying pode ser muito eficiente em uma escola e pouco produtiva em outra; tudo dependerá de múltiplas variáveis, e a única forma de conhecê-las será por meio do diálogo.

Uma disciplina que aborde conceitos éticos relativos aos problemas sociais do dia a dia do aluno pode ser uma forma de identificar situações problemáticas e ajudar na busca por soluções práticas e duradouras.

Caixa de recados

A caixa de recados funciona como um canal de comunicação entre estudantes e educadores, onde os alunos podem reportar incidentes, pedir ajuda e denunciar atos de bullying. O anonimato pode ser importante em alguns casos em que a criança ou adolescente não se sinta confortável em falar diretamente sobre o assunto com um professor. Essa caixa de recados pode ser colocada em locais estratégicos da escola, como corredores e pátio. Outra opção pode ser a criação de uma caixa virtual de recados, utilizando um endereço de e-mail com a mesma finalidade.

Supervisão do ambiente escolar

Estudos indicam que muitos episódios de bullying ocorrem na escola em momentos em que não existe nenhuma supervisão de um adulto. Por esse motivo, as áreas livres como pátios, jardins, quadras poliesportivas e campos de recreação e lazer utilizados durante o recreio são locais que devem ser bem supervisionados por professores ou monitores.

Essa supervisão será importante e necessária, entretanto esses profissionais precisam estar capacitados para saber intervir depressa quando for preciso. A mensagem que todo monitor deve passar aos estudantes é clara: "O bullying não será tolerado!" Um posicionamento firme da escola vai desencorajar comportamentos agressivos e mandar uma mensagem clara, alertando sobre as consequências.

Além de atuar na inibição e na interrupção de atos de bullying, o professor responsável pela turma deve ser informado, nos casos de alunos do ensino fundamental, enquanto que para alunos do ensino médio a referência pode ser a coordenadora pedagógica.

Constituição antibullying da sala de aula

Há um tempo testei uma experiência interessante em uma escola em Petrópolis, cidade do Rio de Janeiro. Havia uma turma do sétimo ano do ensino fundamental em que o bullying estava ocorrendo em larga escala e, como diziam os professores, "estava contaminando toda a escola". Então sugeri uma nova estratégia: a criação de uma "constituição" pelos alunos dessa turma.

Essa atividade teve início com Daniela, professora de história, que conversou com os estudantes sobre o bullying, suas implicações éticas e os prejuízos a que todos estavam expostos devido a esse comportamento. Além disso, debateram sobre a importância de regras para proteger e fortalecer a democracia e o desenvolvimento da

MANUAL DA ADOLESCÊNCIA

amizade e de uma cultura pacifista no mundo. Conflitos étnicos, guerras e combates em diversos países serviram de exemplo para mostrar que a busca por poder a qualquer custo, a intolerância, a agressividade, o preconceito religioso ou a aversão a estrangeiros, somados à falta de diálogo, trouxeram sofrimento, destruição e morte para muitos povos.

Desse debate foi concluído que algo deveria e poderia ser feito para acabar com o bullying ali. Também decidiram que um conjunto de regras criadas e desenvolvidas pelos próprios estudantes seria o primeiro passo na busca do equilíbrio e da paz na turma.

A partir daí a professora guiou os alunos no desenvolvimento da "constituição antibullying da turma 704 do sétimo ano", e eles estabeleceram cinco regras que deveriam ser seguidas:

- ❏ O bullying não será tolerado
- ❏ Nós não vamos agredir outros estudantes
- ❏ Vamos ajudar colegas vítimas de bullying
- ❏ Vamos incluir qualquer aluno deixado de lado no recreio

PREVENÇÃO NA ESCOLA E O PROGRAMA ANTIBULLYING

❏ Contaremos a um adulto em casa e na escola caso presencie um ato de bullying

Os estudantes determinaram também que o aluno que quebrasse alguma das regras seria julgado e punido pelos próprios colegas, e o julgamento seria mediado pela professora Daniela, que se tornou a coordenadora de assuntos relativos ao bullying da turma. Casos graves seriam encaminhados à direção da escola, enquanto que casos menores poderiam ser resolvidos dentro da própria sala.

Uma carta foi escrita com todos os conceitos, regras e consequências da "Constituição antibullying da turma 704 do sétimo ano" e assinada por todos os alunos e pela professora. Além disso, um grande cartaz foi afixado no mural de recados da sala.

O modelo antibullying criado pelos alunos do sétimo ano fez tanto sucesso que foi incorporado pelo colégio inteiro, tendo servido de modelo inclusive para a aplicação no ensino médio da instituição de ensino. Hoje, todos que entram na escola conseguem identificar os cartazes antibullying afixados no pátio, nos banheiros e nas salas de aula.

Uma constatação importante foi que, quando os alunos participam da discussão dos problemas, na criação de regras e consequências por mau comportamento, eles são mais aptos a segui-las e mais rígidos nas punições. Portanto, sugiro que exista um debate e a participação dos estudantes nas tomadas de decisões da instituição de ensino, por meio de reuniões, votações e conversas. Esse exercício democrático favorecerá a assertividade da direção e da coordenação pedagógica, promoverá a harmonia na escola e será mais uma aula de cidadania aos alunos.

Como podem notar, os conceitos trabalhados na "Constituição antibullying da turma 704 do sétimo ano" não se restringem apenas ao bullying escolar, mas são conceitos éticos e morais que servem de modelo para a formação do caráter de cidadãos responsáveis e promotores da paz, do diálogo, da democracia e do respeito mútuo. Afinal, qual é o objetivo da instituição de ensino? Será que é apenas capacitar para o vestibular? Será que não é por isso que estamos em uma sociedade violenta, agressiva, individualista e egoísta?

Elogios e punições

Os professores devem elogiar comportamentos positivos de seus alunos quando identificam situações em que as regras antibullying são respeitadas. Por exemplo, quando os alunos acolhem colegas que estejam sozinhos no recreio, ou quando recriminam um *bully* que tenta humilhar outro estudante. Um aluno que costuma praticar bullying pode ser elogiado quando começa a abandonar esse comportamento.

Todos nós sabemos que os elogios servem como estímulos, entretanto muitas vezes temos que utilizar técnicas de punição para corrigir e interromper comportamentos desarmoniosos e agressivos. A escolha do tipo de punição deve levar em consideração a idade, sexo, personalidade e características de cada estudante, assim como a gravidade do ato.

Basicamente o estudante deve receber por meio da punição uma mensagem clara de que seu comportamento é inaceitável e que o bullying não é tolerado. Possíveis punições: conversa individual com o aluno após a aula ou durante o recreio; suspensão de privilégios; suspensão de parte do recreio; trabalho comunitário na escola após a aula; conversa com a coordenadora pedagógica; conversa com o diretor da escola; comunicado aos pais; reunião particular dos pais com o diretor.

Role playing

O *role playing* é outra técnica que pode ser utilizada. Consiste na criação de uma minipeça de teatro em que os alunos encenam um tema que está relacionado ao bullying: desrespeito, preconceito, intolerância, agressividade e abuso de poder. Esse tema pode surgir de exemplos concretos de sala de aula ou situações de problemas em geral. Após a encenação, mediados pela professora, os estudantes podem debater e discutir aspectos éticos e morais. É muito importante ressaltar que, escondidos atrás de um personagem fictício, os alunos são capazes de conversar e discutir temas considerados tabus. O estímulo ao debate faz parte da aprendizagem e o *role playing* se mostra mais uma ferramenta valiosa no modelo de combate ao bullying escolar.

PREVENÇÃO NA ESCOLA E O PROGRAMA ANTIBULLYING

Trabalhos em grupo

Os trabalhos em grupo podem ser uma excelente opção para ensinar e estimular o estudo do bullying. Recordo-me de um colégio que orientei no desenvolvimento de um programa antibullying onde os alunos criaram uma cartilha de responsabilidades sobre a violência na escola. Outra escola conseguiu motivar muito seus estudantes a partir da elaboração de um concurso para a criação de um pôster do programa antibullying, liderado pela professora de artes.

Atividades extracurriculares

Atividades extracurriculares como passeios e visitas a museus ou a uma reserva ambiental podem ter um impacto positivo importante no relacionamento social dos estudantes. Conceitos de solidariedade, trabalho em equipe e amizade podem ser estimulados e compartilhados entre alunos, professores, coordenadores e monitores. Nessas atividades será muito importante que a equipe pedagógica esteja atenta para que todos os estudantes participem e se divirtam!

Esporte

O esporte pode representar um grande fator de inclusão entre todos os alunos. O papel do professor de educação física será fundamental. Durante atividades esportivas crianças e adolescentes terão a possibilidade de aprender sobre a importância do trabalho em equipe e poderão desenvolver conceitos essenciais para a vida adulta, como disciplina, hierarquia, amizade, ética, respeito, motivação, confiança e equilíbrio emocional.

Para que consigamos desenvolver todas essas habilidades, será necessária a presença de um professor capacitado e que saiba trabalhar as diferenças de cada estudante para incluí-lo de forma adequada ao grupo.

Pelo estudo dos perfis psicológicos de crianças e adolescentes mais aptos a se tornarem alvos de bullying, encontramos alunos inseguros, pouco empáticos e inabilidosos na comunicação e nos esportes. Por isso, saber identificar estudantes com esse perfil será muito importante para que possamos desenvolver suas potencialidades e

PREVENÇÃO NA ESCOLA E O PROGRAMA ANTIBULLYING

torná-los mais empáticos e habilidosos na comunicação, no relacionamento social e nos esportes. Dessa forma teremos a chance de diminuir a possibilidade de se tornarem vítimas de bullying no futuro.

Normalmente alunos com essas características são excluídos nas atividades físicas e nas atividades de grupo. Costumam ser sempre as últimas crianças a serem escolhidas para os times. Nessa situação o professor pode utilizar uma estratégia muito simples e igualmente eficaz. Em vez de escolher aleatoriamente dois estudantes para formar os times, pode escolher os menos habilidosos no esporte. Você pode ter certeza de que esses dois alunos vão escolher os melhores atletas, além de estar favorecendo suas interações sociais, estimulando a comunicação, mostrando a todos os estudantes que esses alunos também são capazes de exercer certa liderança e como resultado final disso tudo estará fortalecendo a autoestima.

Já observei muitos casos em que o esporte ajudou estudantes que sofriam bullying a darem a volta por cima, recuperarem a autoestima e se posicionarem melhor contra esse tipo de violência. Costumo dizer que nos esportes ninguém é ruim em tudo. Com muito empenho do estudante e do professor de educação física podemos descobrir aquele esporte em que ele é mais habilidoso e que deve ser estimulado e reforçado.

Todos os esportes podem ser utilizados para o desenvolvimento de habilidades atléticas e sociais em crianças e adolescentes vítimas de bullying. O que fará a diferença será quão habilidoso o professor de educação física é e a qual esporte aquele ou aquela estudante se adapta melhor.

Outra questão importante será a possibilidade de ensinar esportes de luta. Além de todos os benefícios sociais supracitados de que o esporte é capaz de conquistar, o objetivo mais específico de esportes de luta como judô, caratê, capoeira ou jiu-jítsu, por exemplo, não será tornar os jovens aptos à briga, e sim ensinar técnicas de defesa pessoal que fortaleçam ainda mais a autoestima. Lembre-se de que o *bully* estará procurando aquelas crianças ou adolescentes que não sabem e não conseguem se defender dos atos agressivos. Nesse caso, o *bully* pensará duas vezes antes de escolher esse estudante como alvo de violência.

Um dado muito importante foi identificado nos estudos do pesquisador Dan Olweus com relação à associação entre força física e popularidade entre meninos. Ao que parece, aqueles alunos fisicamente mais fortes são mais populares na escola e consequentemente menos propensos a se tornarem alvos de bullying, enquanto que estudantes mais fracos tendem a ser menos populares.

Amigos facilitadores

Toda turma de colégio tem alunos extremamente habilidosos. São líderes na sala, comunicativos, tiram boas notas e apresentam boa índole. Muitas vezes os professores podem contar com uma ajuda informal desses estudantes, solicitando que façam companhia e incluam aqueles alunos deixados de lado no recreio ou que sejam vítimas de bullying. Essa atitude aumenta as chances do adolescente pouco habilidoso e com poucos amigos de se enturmar. Em contrapartida, o *bully* se sentirá intimidado.

Prevenção ao cyberbullying

Ensinar estratégias de prevenção ao cyberbullying é essencial para o sucesso do programa, visto que o bullying virtual tem crescido assustadoramente entre estudantes brasileiros. Essas informações devem ser divididas com os pais das crianças e adolescentes, pois eles terão as melhores oportunidades de trabalhar os conceitos de prevenção ao cyberbullying. Lembrando que essas informações são também importantes para a prevenção de outra epidemia virtual: a pedofilia infantil.

Eis as principais dicas:

☐ Converse sobre cyberbullying com seu filho e sobre suas implicações
☐ Monitore o uso do computador e verifique que tipos de sites ele costuma visitar
☐ Questione seu filho sobre quem são suas amizades on-line
☐ Ensine seu filho a bloquear *bullies* e estranhos em redes sociais
☐ Oriente que ele nunca ofereça informações pessoais, como número de telefone e endereço, para estranhos

PREVENÇÃO NA ESCOLA E O PROGRAMA ANTIBULLYING

- ❏ Ensine a criar senhas difíceis de serem descobertas, misturando letras e números para dificultar a ação de hackers
- ❏ Oriente para que ele não forneça senha de e-mails e páginas pessoais como Facebook, mesmo que para amigos
- ❏ Não permita que publique fotos muito expositivas (vestindo maiôs e biquínis, ou que mostre o colégio ou a casa)
- ❏ Alerte que tudo o que a criança ou adolescente escrever poderá ser reproduzido e difundido na internet
- ❏ Peça que evite contato com desconhecidos na internet
- ❏ Explique que muitas vezes pessoas mentem informações como idade e profissão, normalmente com más intenções
- ❏ Oriente que desligue o computador caso perceba ou visualize algo considerado agressivo ou errado acontecendo on-line

Conversa com o agressor e a vítima

Após a identificação de um caso de bullying na escola será fundamental a conversa com os envolvidos. Inicialmente a conversa deve ser realizada em particular com o autor ou os autores do bullying e em outro momento com o alvo das agressões.

Outra questão importante é avaliar a possibilidade dessa criança estar passando por problemas psicológicos ou por questões familiares. Portanto, dependendo da gravidade e da incidência dos atos, seus pais devem ser chamados para uma conversa também.

No caso da vítima devemos nos posicionar apoiando, oferecendo auxílio, mostrando que o bullying não será permitido, que ele receberá toda a proteção e a ajuda necessária para superar esse problema. Teremos também que estar atentos aos problemas emocionais e questões domésticas desse aluno.

Separar os *bullies*

Normalmente os autores de bullying andam em grupo. Uma estratégia inteligente é a separação desses alunos em diferentes turmas, diminuindo o poder deles e protegendo as vítimas das possíveis agressões. Esse tipo de conduta pela coordenação pedagógica envia uma poderosa mensagem aos agressores.

Encaminhamento dos casos graves

Devido à possibilidade da existência de transtornos comportamentais entre os autores e vítimas de bullying, todos os casos graves deverão ser encaminhados para avaliação médica com um especialista em comportamento infantil, um psiquiatra da infância e adolescência. Ele será o profissional capacitado para avaliar, diagnosticar e tratar problemas comportamentais como o transtorno desafiador opositivo, transtorno de conduta, transtorno de déficit de atenção/hiperatividade, fobia social, síndrome de Asperger ou outros comportamentos problemáticos envolvendo o risco de suicídio, como nos casos de depressão grave.

Treinamento em habilidades sociais

Crianças e adolescentes com um perfil psicológico de risco de se tornar alvos de bullying podem se beneficiar de treinamentos em habilidades sociais ou de terapia comportamental. Eles terão a chance de aprender a fazer novas amizades e de interagir com outros estudantes de forma mais eficiente. Esses jovens poderão aprender também a se defender.

Conclusão

Os estudos e pesquisas onde programas antibullying foram implantados revelam que há uma redução em mais de 50% dos casos de bullying escolar, além da diminuição de comportamentos de conduta, como vandalismo, brigas, furtos e violência em geral. Há também uma melhora nas relações sociais entre alunos e professores, promovendo um clima de amizade, cooperação e disciplina que favorece a aprendizagem de todos.

Muito importante ressaltar novamente que o programa atinge melhores resultados a longo prazo e, como explicado anteriormente, deve ser realizado de maneira continuada e não como um projeto curto e episódico.

Não podemos continuar assistindo a essa violência dia após dia sem tomar uma atitude, portanto desejo muita sorte e sucesso na aplicação do programa antibullying.

O que os pais de *bullies* podem fazer?

Inicialmente os pais de crianças ou adolescentes autores de bullying devem conversar com a coordenação pedagógica da escola para se inteirar dos fatos e se posicionar perante o problema, mostrando ao filho ou filha que esse tipo de comportamento é errado e deve ser interrompido imediatamente.

Os pais devem conversar e combinar com a criança ou adolescente sobre regras básicas de convívio social e respeito. Punições por mau comportamento devem ser enfatizadas, entretanto castigos físicos precisam ser terminantemente evitados para não reforçar a agressividade e a violência como uma estratégia para resolver problemas.

Atividades recreativas entre pais e filhos são uma dica importante, pois estimulam o relacionamento e a interação social da criança com suas principais figuras de apego e autoridade. Pais podem aprender mais sobre o comportamento dos filhos, e quanto melhor for essa relação, maiores serão as chances de termos sucesso na aplicação de regras e limites.

O que os pais das vítimas podem fazer?

Se os pais suspeitam de que seu filho é vítima de bullying na escola, devem entrar em contato com a coordenação pedagógica o quanto antes e agendar um encontro para discutir o problema.

Comumente identifico pais que aumentam o isolamento dos filhos como uma tentativa de "protegê-los" das agressões. Essa superproteção é altamente nociva à criança, pois tende a aumentar o distanciamento dos outros estudantes e prejudica o desenvolvimento de habilidades sociais. Em vez da superproteção, os pais devem trabalhar junto com a escola no desenvolvimento de estratégias que eliminem a violência escolar, além de pensar em

PREVENÇÃO NA ESCOLA E O PROGRAMA ANTIBULLYING

atitudes mais assertivas e positivas como a estimulação à prática esportiva para aumentar a interação social com outras crianças e desenvolver, dessa forma, habilidades atléticas, melhorar sua autoestima e sua socialização.

Dicas aos pais

☐ Converse com seu filho a respeito do bullying, suas manifestações e consequências
☐ Mostre a importância do respeito mútuo e de saber respeitar as diferenças de cada um
☐ Informe que a violência deve ser sempre evitada
☐ Tente identificar razões para tal comportamento
☐ Procure a escola, converse com professores e funcionários a respeito do problema

Capítulo 25

SITES

A rede mundial de computadores nos disponibiliza uma série de endereços eletrônicos aos quais podemos ter fácil acesso à informação. A seguir listo alguns desses principais endereços, onde textos relacionados aos temas abordados no livro podem ser encontrados.

Em português:

Comportamento infantil
http://www.comportamentoinfantil.com

Associação Brasileira de Estudos do Álcool e outras
Drogas
http://www.abead.com.br

Unidade de Pesquisa em Álcool e Drogas —
UNIFESP
http://www.uniad.org.br

Centro de Informações sobre Drogas Psicotrópicas
— CEBRID
http://www.cebrid.epm.br

Álcool e Drogas sem Distorção — Hospital Israe-
lita Albert Einstein
http://www.einstein.br/alcooledrogas

Instituto Nacional do Câncer — INCA
http://www.inca.gov.br/tabagismo

SITES

Alcoólicos Anônimos
http://www.alcoolicosanonimos.org.br

Narcóticos Anônimos
http://www.na.org.br

Nar-Anon
http://www.naranon.org.br

Amor Exigente
http://www.amorexigente.org.br

Associação Brasileira de Familiares, Amigos e Portadores de Esquizofrenia
www.abrebrasil.org.br

Associação Brasileira de Familiares, Amigos e Portadores de Transtornos Afetivos
www.abrata.org.br

Associação Brasileira de Psicoterapia Cognitiva
www.abpcbrasil.com.br

Associação Brasileira da Síndrome de Tourette, Tiques e Transtorno Obsessivo-Compulsivo
www.astoc.org.br

Centro de Valorização da Vida
www.cvv.org.br

Programa de Transtornos Alimentares do HCF-
MUSP
www.ambulim.org.br

Safernet Brasil
www.safernet.org.br

Todos pela Educação
www.todospelaeducacao.org.br

Unidade de Pesquisas em Álcool e Drogas
www.uniad.org.br

Em inglês:

American Academy of Child and Adolescent
Psychiatry
http://www.aacap.org

American Academy of Addiction Psychiatry
www.aaap.org

SITES

National Institute on Drug Abuse
http://www.nida.nih.gov

National Institute on Drug Abuse for Teens
http://teens.drugabuse.gov

National Institute on Alcohol Abuse and Alcoholism
http://www.niaaa.nih.gov

Substance Abuse and Mental Health Services
Administration
www.samhsa.gov

Center for Treatment Research on Adolescent Drug
Abuse
www.med.miami.edu/ctrada

NYU Child Study Center
http://www.aboutourkids.org

Dance Safe
http://www.dancesafe.org

Talk to Frank
http://www.talktofrank.com

MANUAL DA ADOLESCÊNCIA

Anxiety Disorders Association of America
http://www.adaa.org

Child and Adolescent Bipolar Foundation
http://www.bpkids.org

Colorado Anti-bullying Project
http://www.no-bully.com

O AUTOR

Gustavo Teixeira é cofundador e diretor executivo nos Estados Unidos do Child Behavior Institute of Miami (CBI of Miami). Estudou nos Estados Unidos, graduando-se pela South High School, em Denver, Estado do Colorado, onde aprendeu sobre programas escolares de inclusão de crianças com necessidades especiais.

Médico, continuou seus estudos no Instituto de Psiquiatria da Universidade Federal do Rio de Janeiro. Ele também é pós-graduado em Dependência Química pela Universidade Federal de São Paulo, Saúde Mental Infantil pela SCMRJ e possui curso de extensão em Psicofarmacologia da Infância e Adolescência pela Harvard Medical School.

É mestre em Educação pela Framingham State University, nos Estados Unidos, e palestrante internacional em inclusão e educação especial, tendo apresentado dezenas de workshops em vários países nos últimos anos, incluindo Estados Unidos, Austrália, Coreia do Sul, Áustria, Inglaterra e Suécia, e cursos de verão nos Estados Unidos para o Department of Special Education na Bridgewater State University, universidade americana localizada no Estado de Massachusetts, onde é professor visitante.

Gustavo Teixeira é um dos responsáveis pela popularização de livros psicoeducacionais no Brasil. O autor já vendeu mais de 200 mil exemplares, incluindo os best-sellers *Manual dos transtornos escolares* e *O reizinho da casa*, também publicados pela editora Best*Seller*, entre outros títulos.

Referências Bibliográficas

AMERICAN ACADEMY OF CHILD AND ADOLESCENT PSYCHIATRY. Disponível em: http://www.aacap.org. Acessado em 20/12/2018.

AMERICAN PSYCHIATRIC PUBLISHING. *Textbook of child and adolescent psychiatry*, 3. ed., Washington, D.C.; American Psychiatric Publishing, 2004.

CASH, S.J. *Epidemiology of Youth Suicide and Suicidal Behavior*. Curr Opin Pediatr. 2009 October; 21(5): 613-619.

CENTERS FOR DISEASE CONTROL AND PREVENTION. Acessado em 20/12/2018.

DANCE SAFE. Disponível em: http://www.dancesafe.org/. Acessado em 20/12/2018.

MANUAL DA ADOLESCÊNCIA

DAVIS, M.R. *School success for kids with emocional and behavioral disorders*. Waco: Prufrock Press Inc., 2011.

EACON, D.K. et al. *Youth risk behavior surveillance* — United States, 2007. MMWR Surveill Summ. 2008 Jun 6;57(4):1-131.

HABER, J. "Bullyproof your child for life: protect your child from teasing, taunting and bullying for good", 1ª ed. Perigee Book, 2007.

IVARSSON, T. et al. "Bullying in adolescence: psychiatric problems in victims and bullies as measured by the Youth Self Report and the Depression Self-Rating Scale". Nord J Psychiatry. 2005; 59(5):365-73.

KLOMEK, A.B. et al. "Bullying, depression and suicidiality in adolescents". Psychiatr Danub. 2006 Sep;18 Suppl 1:41.

KIM, Y.S. et al. "School bullying and youth violence: causes or consequences of psychopathologic behavior?" Arch Gen Psychiatry. 2006 Sep; 63(9): 1035-41

KOLB, B.; WHISHAW, I.Q. *An introduction on brain and behavior*. Worth Publishers, 2001.

HOOVER, J.H. "The bullying prevention handbook: A guide for principals, teachers and counselors", 2nd ed. Solution Tree, 2008.

MILHORN, H.T. *Drug and alcohol abuse — The authoritative guide for parents, teachers and counselors*. Da Capo Press, 2003.

NATIONAL INSTITUTE ON DRUG ABUSE — NIDA. Disponível em: http://www.nida.nih.gov. Acessado em 20/12/2018.

REFERÊNCIAS BIBLIOGRÁFICAS

OLWEUS, D. "Bullying at school: What we know and what we can do". Blackwell Publishing, 1993.

RUTTER, M; TAYLOR, E. *Child and Adolescent Psychiatry*, 4. ed., Blackwell Publishing, 2002.

SCAGLIONE, J. "Bully-proofing children: A practical, hands-on guide to stop bullying". Rowman & Littlefield Education, 2006.

STAHL, S.M. *Psicofarmacologia — Base neurocientífica e aplicações práticas*, 2. ed., MEDSI Editora Médica e Científica Ltda, 2002.

STEIN, J.A. et al. "Adolescents male bullies, victims and bully-victims: a comparison of psychosocial and behavioral characteristics". J Pediatr Psychol. 2006 Aug 8.

STUBBE, D. *Child and Adolescent Psychiatry: a practical guide*. Philadelphia: Lippincott Williams & Wilkins, 2007.

SWEARER, S.M. et al. "Bullying prevention & intervention: realistic strategies for schools". The Guilford Press, 2009.

TEIXEIRA, G. *Manual antibullying*. Rio de Janeiro: Best*Seller*, 2011.

_____. *Manual antidrogas*. Rio de Janeiro: Best*Seller*, 2011.

_____. *Manual dos transtornos escolares*. Rio de Janeiro: Best*Seller*, 2013.

YBARRA, M. L. et al. "Examining characteristics and associated distress related to Internet harassment: Findings from the second Youth Internet Safety Survey." Pediatrics 118 (4): e1169-77, October 2006.

Contatos com o autor

Contatos para consultorias, palestras e entrevistas:

www.cbiofmiami.com
gus@cbiofmiami.com

Este livro foi composto na tipografia Adobe
Garamond Pro em corpo 13/18, e impresso
em papel off-white no Sistema Cameron da
Divisão Gráfica da Distribuidora Record.